Principles of Treatment in GAD and Phobia

by

Amin Hosseini

بخش اول: اختلال اضطراب فراگیر

چکیده توصیه‌ها

❖ اصول مراقت از افراد مبتلا به(GAD)

مراقبت گام به گام از افراد مبتلابه اضطراب فراگیر

✓ گام ۱: همه علائم شناخته شده یا مشکوک اضطراب فراگیر

  ➢ شناسایی

  ➢ سنجش و آموزش

✓ گام ۲: تشخیص اضطراب فراگیر به گونه ای که بعد از مداخلات گام ۱ بهبود نیافته باشد.

  ➢ مداخلات روانشناختی با شدت کم برای اضطراب فراگیر.

✓ گام ۳: اضطراب فراگیر همراه با اختلال عملکرد مشخص یا بدون بهبود پس از مداخلات گام ۲

  ➢ گزینه‌های درمانی

  ➢ مداخلات روانشناختی با شدت بالا

  ➢ درمان دارویی

  ➢ واکنش نامناسب به مداخلات گام ۳

✓ گام ۴: اختلال اضطراب فراگیر مقاوم به درمان و پیچیده و اختلال عملکرد بسیار مشخص یا خطر بالای صدمه به خود

  ➢ سنجش

  ➢ درمان

✓ گام ۵:تشخیص

✓ گام ۶: درمان

  ➢ کشف، شناسایی و ارجاع در مراقبت اولیه

  ➢ سنجش و هماهنگی مراقبت

  ➢ درمان‌های دارویی

  ➢ درمان‌های روانشناختی

  ➢ مراقبت گام به گام

✓ گام ۷: پیگیری

✓ گام ۸: پیشگیری

✓ گام ۹: الگوریتم اختلال اضطراب فراگیر

بخش دوم: اختلال هراس

❖ **اصول مراقبت از افراد مبتلا به هراس**

مراقبت گام به گام برای افراد مبتلا به هراس :

✓ گام ۱: شناخت و تشخیص اختلال هراس

➤ مهارت‌های مشاوره

➤ تشخیص

➤ بیماری‌های همبود

➤ حوادث و اورژانس (A&E) در حملات هراس

✓ اختلال هراس- گام‌های ۲ الی ۵

➤ موارد کلی

➤ مداخلات روانشناختی

➤ مداخلات دارویی_داروهای ضد افسردگی

➤ قابلیت تحمل

➤ خودیاری

✓ گام ۳-برای افراد مبتلا به اختلال هراس: نقد و بررسی و ارائه روش‌های درمانی جایگزین در صورت لزوم

✓ گام۴- برای افراد مبتلا به اختلال هراس : مرور و پیشنهاد ارجاع از مراقبت اولیه در صورت لزوم

✓ گام ۵- برای افراد مبتلا به اختلال هراس: مراقبت در سرویس‌های خدمات بهداشت روان تخصصی

✓ گام ۶- الگوریتم اختلال هراس

شاخص‌های ممیزی استفاده از راهنمای بالینی

منابع

مقدمه

این راهنمای بالینی با درمان و مدیریت بزرگسالان مبتلا به اضطراب فراگیر در مراقبت اولیه و ثانویه سرو کار دارد. اضطراب فراگیر، یکی از موارد دامنه اختلالات اضطرابی است. اختلالات اضطرابی علاوه بر اضطراب فراگیر شامل اختلال هراس (با یا بدون هراس از مکان‌های بسته)،OCDفوبیای اجتماعی فوبیای خاص (مثلا ترس از عنکبوت)، و اختلال استرس پس از سانحه است.

اختلال اضطراب فراگیر معمولاً با اختلالاتی دیگر همراه است مثل دیگر اختلالات اضطراب و اختلالات افسردگی، همچنین طیفی از اختلالات سلامت جسمانی. اختلالات اضطراب فراگیر "خالص"، (در غیاب دیگر اختلالات اضطراب یا افسردگی) کمتر از اضطراب همبود (همزمان با اختلالات دیگر) دیده می‌شود. این راهنمای بالینی به هر دو مورد اختلالاضطراب فراگیر "خالص" و "همبود" مربوط است.

اپیدمیولوژی

درصد تخمینی افراد مبتلا به اختلال اضطراب عمومی در انگلستان ۴,۴ درصد است. این یافته براساس نظرسنجی اخیر عوارض روانپزشکی بزرگسالان در انگلستان (مکمانوس[1] و همکاران، ۲۰۰۹) است. برآورد جهانی از نسبت کسانی که به احتمال زیاد در سراسرطول عمر خود این اختلال را تجربه کرده‌اند بین۰,۸٪ و ۶,۴٪ متفاوت است. (گرانت[2] و همکاران، ۲۰۰۵ ؛ کسلر[3] و وانگ[4]، ۲۰۰۸).

میزان شیوع در زنان نسبت به مردان بین ۱,۵ تا ۲,۵ برابر بیشتراست.از نظر سن، مطالعات اپیدمیولوژیک به طور کلی نشان داده‌اند که اختلال اضطراب فراگیر در سن بالا (بالای ۵۵ سال) شیوع کمتری دارد، هر چند استثنا هم وجود دارد.برخی از مطالعات نیز نشان می‌دهند که این اختلال درافراد جوانتر (کمتر از ۳۵ سال) کمتر معمول است. شواهدی از ایالات متحده آمریکا نشان دهنده تناقض در نتایج پژوهش‌های مربوط به تفاوت در قوم و نژاد است، به این صورت که در بعضی مطالعات میان یکیا بیشتر از گروه‌های سیاه و سفید، آسیایی و اسپانیایی افزایش نشان داده است (بلیزر[5] و همکاران،۱۹۹۱)، در بعضی دیگر کاهش (گرانت و همکاران، ۱۹۹۴) و در بعضی دیگر تفاوتی نشان نمی‌دهد (ویچن[6] و همکاران، ۱۹۹۴).

جدول زیر نتیجه بعضی از پژوهش ها را در زمینه شیوع این اختلال نشان می‌دهد:

1- McManus

2- Grant

3- Kessler

4-Wang

5- Blazer

6- Wittchen

نام اختلال	شیوع مادام العمر (کاپلان و سادوک) آمریکا. مطالعه اپیدمیولوژیک DSM-III-R CIDI			ایران، پرسش نامه اختلالات عاطفی و اسکیزوفرنیا ۲۰۰۵ محمدی و همکاران		
جنس	**زن**	**مرد**	**کل**	**زن**	**مرد**	**کل**
اختلال پانیک	۱/۵	۱/۹	۳/۵	۲/۱۹	۰/۷۹	۱/۴۹
وسواس	۲/۸	۱/۷	۲/۳	۲/۸	۰/۷	۱/۸
اختلال اضطراب منتشر	۶/۶	۳/۶	۵/۱	۱/۹۴	۰/۷۳	۱/۳۳
اختلال استرس پس از سانحه	-	-	-	۰/۹۸	۰/۷۷	۰/۹۸
هراس خاص	۷/۱۵	۱/۷	۳/۱۱	۳/۲۲	۰/۸۹	۲/۰۵

متدولوژی

جدول سطح شواهد (اعتبار توصیه‌های درمانی)

که در طی متن (در مورد توصیه‌ها)Grade of recommendation و Level of evidenceمنظور از مورد اشاره قرار گرفته است، اعتبار توصیه‌های درمانی مطرح شده می‌باشد که در جداول زیر مفهوم آن‌ها بیان شده است:

Level	Type of evidence
1a	Evidence obtained from meta-analysis of randomized trials.
1b	Evidence obtained from at least one randomized trial
2a	Evidence obtained from one well designed controlled study without randomization
2b	Evidence obtained from at least one other type of well designed quasi experimental study
3	Evidence obtained from well designed non-experimental studies, such as comparative studies, correlation studies and case reports.
4	Evidence obtained from expert committee reports or opinions or clinical experience of respected authorities.

Grade	Nature of recommendations
A	Based on clinical studies of good quality and consistency addressing the specific recommendations and including at least one randomized trial
B	Based on well conducted clinical studies, but without randomized clinical trials
C	Made despite the absence of directly applicable clinical studies of good quality

اهداف راهنما

از اهداف این راهنمای بالینی می‌توان به مواردی اشاره نمود همچون:

- توصیه هایی برای درمان و مدیریت **GAD**
- بهبود دسترسی و تعامل با درمان و خدمات برای افراد مبتلا به**GAD**
- بررسی نقش مداخلات روانی و روانی اجتماعی خاص در درمان**GAD**
- بررسی نقش مداخلات دارویی خاص در درمان**GAD**
- ادغام موارد فوق جهت فراهم نمودن بهترین کار در مورد مراقبت از افراد مبتلا به **GAD** و مراقبان آنها

به طورخلاصه می‌توان گفت مواردی ازقبیل ایمنی بیشتر[۷]،اثربخشی بالینی بهتر[۸]،مقرون به صرفه بودن هزینه‌ها[۹]،استاندارد سازی و کاهش تنوع ارایه خدمات [۱۰]افزایش رضایتمندی بیماران [۱۱]مورد نظر این راهنمای بالینی هستند.

کاربران راهنما

پزشک خانواده همچنین: داروسازان، دستیاران پزشک، پزشکان، روانشناسان، پرستاران مجرب، پرسنل بهداشت و درمان، تکنسین‌های اورژانس پزشکی / پیراپزشکی، ارائه دهندگان مراقبت‌های سلامت، بیمارستان ها، کاردرمانگران گروه بهداشت عمومی.

اهمیت موضوع و دلایل انتخاب این بیماری جهت تدوین راهنما

با نگاهی به مطالعات متعدد به نظر می‌رسد درصد بالایی از مراجعان به پزشکان مختلف را بیماران اضطرابی تشکیل می‌دهند. این بیماران با علائم متعددی مراجعه می‌کنند که در صورت عدم آشنایی و عدم توجه پزشک به این علائم، باعث اقدامات تشخیصی و گاه درمانی پر هزینه و زیانباری برای بیمار می‌شود. این اختلالات گاه به صورت علائم روانشناختی بروز می‌کنندو گاه به صورت علائم جسمی تظاهر دارند. شیوع و تداخل این علائم با اغلب بیماری‌های جسمی به حدی است که یک پزشک ماهر، نیاز قطعی به آشنایی با علائم اضطراب و نیز اختلالات اضطرابی دارد.
این راهنمای بالینی به منظور بهبود فرایند و نتایج مراقبت‌های سلامت در شاخه‌های مختلفی، تهیه شده است، از این قبیل:

7- safety

8 - Clinical effectiveness

9- Cost effectiveness

10- Standardization

11- Satisfaction

- فراهم نمودن توصیه‌های مبتنی بر شواهد به روز شده برای مدیریت شرایط و اختلالات توسط متخصصان مراقبت‌های سلامت
- به عنوان پایه‌ای برای تنظیم استاندارد جهت ارزیابی عمل متخصصان مراقبت‌های سلامت مورد استفاده قرار گیرد.
- اساس آموزش متخصصان مراقبت‌های سلامت راشکل بدهد.
- کمک به افراد مبتلا به GAD و مراقبان آنها در تصمیم گیری آگاهانه در مورد درمان و مراقبت.
- بهبود ارتباط بین متخصصان مراقبت‌های سلامت، افراد مبتلا به GAD ومراقبان آنها.

روش جستجو و نام گاید لاین‌های یافت شده

نشانی اینترنتی گایدلاین :

www.nice.org.uk

nice@nice.org.uk

Generalised anxiety disorder and panic disorder (with or without agoraphobia) in adults. Management in primary, secondary and community care.

تاریخ به روز رسانی راهنما

این گایدلاین به روز شده و جایگزینی است برای گایدلاین بالینی nice(22)، "مدیریت اضطراب " (تاریخ انتشار:دسامبر ۲۰۰۴ amendedآوریل ۲۰۰۷). فقط توصیه‌های مدیریت اختلال اضطراب فراگیر (GAD) به روز رسانی شده اند. **تاریخ بازنگری: ژانویه ۲۰۱۱**

بخش اول: اختلال اضطراب فراگیر

اصول مراقبت از افراد مبتلا به اضطراب فراگیر

اطلاعات و حمایت از افراد مبتلا به GAD، خانواده‌های آنان و سرپرستان(1b)

(۱-الف) هنگام کار با افراد مبتلا به GAD:

- ایجاد رابطه و کار به روش باز، جذاب و بدون قضاوت.
- کشف نگرانی‌های فرد به منظور درک مشترک تاثیر GAD.
- کشف گزینه‌های درمان به شکل مشترک با فرد، نشان می‌دهد که تصمیم گیری یک فرآیند مشترک است.
- اطمینان حاصل شود که بحث و گفتگو در محیطی محرمانه صورت می‌گیرد که در آن حفظ حریم خصوصی و کرامت انسانی محترم شمرده شده است.

(۲-الف) هنگام کار با افراد مبتلا به GAD:

- ارائه اطلاعات مناسب به سطح درک فرد از ماهیت اضطراب فراگیر(GAD)و طیف وسیعی از درمان‌های در دسترس
- در صورت امکان، اطمینان حاصل شود که اطلاعات جامعی که نوشته شده است به زبان شخص و در فرمت‌های صوتی در دسترس می‌باشد.
- ارائه مترجم مستقل در صورت نیاز.

(۳-الف)هنگامی که خانواده ها و مراقبین در حمایت از یک فرد مبتلا به GAD دخالت دارند،این موارد در نظر گرفته شود.

- ارائه ارزیابی و سنجش مراقب در زمینه نحوه مراقبت از نیازهای جسمی و روحی و نیازهای بهداشتی فرد مبتلا
- ارائه اطلاعات، از جمله اطلاعات تماس، در مورد خانواده و سرپرست گروه پشتیبانی و سازمانهای داوطلبانه، و کمک به خانواده و یا سرپرستان برای دسترسی به این موارد:
- مذاکره بین فرد مبتلا به GAD و خانواده خود و یا مراقبین در مورد محرمانه بودن و به اشتراک گذاری اطلاعات
- فراهم کردن اطلاعات مکتوب و شفاهی در مورد GAD و مدیریت آن، از جمله اینکه خانواده‌ها و مراقبین چگونه می‌توانند فرد را مورد حمایت قرار بدهند.
- ارائه شماره تماس و اطلاعات در این مورد که در یک بحران چه کسی چه کاری را باید انجام دهد.

(۴-الف) اطلاع رسانی به افراد مبتلا به GAD در مورد سازمانهای خودیاری محلی و ملی خود و گروه‌های پشتیبانی، به ویژه در جایی که آنها می‌توانندباافرادی با تجارب مشابه گفتگو کنند.

(۵-الف)_برای افراد مبتلا به GAD که دچار ناتوانی یادگیری خفیف یا اختلال شناختی خفیف هستند همان مداخلاتی صورت پذیرد که برای افراد مبتلا به GAD ارائه می‌شود، تنظیم روش تحویل و یا مدت زمان مداخله در صورت لزوم با احتساب ناتوانی یا اختلال.

(۶-الف) هنگام ارزیابی و یا ارائه مداخله به افراد مبتلا به GAD و ناتوانی یادگیری متوسط تاشدید و یا اختلال شناختی متوسط تاشدید، مشاوره برعهده متخصص مربوطه است.

مراقبت گام به گام از افراد مبتلا به اضطراب فراگیر

مدل مراقبت گام به گام (نگاه کنید به شکل ۱) به منظور سازماندهی ارائه خدمات وبرای کمک به افراد مبتلا به اضطراب فراگیر GAD، خانواده‌های آنان، سرپرستان و پزشکان مورد استفاده قرار می‌گیرد تا موثرترین مداخلات انتخاب شود.

(۱- ب) مدل مراقبت گام به گام را دنبال کنید، موثر ترین مداخله را ارائه کنید.

شکل ۱ - مدل مراقبت گام به گام :

تمرکز مداخله	طبیعت مداخله
گام ۴- درمان پیچیده اضطراب فراگیر و اختلال بسیار مشخص در عملکرد، مثل غفلت از خود وخطر بالای خود آزاری	درمان تخصصی قوی، مثل دوره درمانی ترکیب دارو و یا رواندرمانی؛ ورودی از تیم‌های چند آژانسی، سرویس‌های بحران، بیمارستان‌های روزانه یا مراقبت از بیمار
گام ۳- اضطراب فراگیر همراه با واکنش نامناسب به مداخلات گام ۲ یا اختلال عملکردی مشخص	انتخاب یک مداخله روانشناختی شدید (آرام‌سازی کاربردی /CBT) یا درمان دارویی
گام ۲ - تشخیص اضطراب فراگیر که به گونه ای که پس از آموزش و مونیتورینگ فعال درمراقبت اولیه بهبود پیدا نکرده باشد	مداخلات روانشناختی با شدت کم: خود یاری فردی تسهیل نشده*، خودیاری فردی هدایت شده و گروه‌های آموزشی روانشناختی
گام ۱ : همه شکلهای بروز شناخته شده و مشکوک به اضطراب فراگیر.	شناسایی و سنجش ؛ آموزش اضطراب فراگیر و گزینه‌های درمان ؛ نمایش فعال

*یک مداخله خود مسئول باهدف درمان اضطراب فراگیر شامل موارد خود یاری مکتوب یا الکترونیک (معمولاً یک کتاب یا کتاب کار). این شبیه یک خودیاری هدایت شده فردی است اما معمولاً با حداقل رابطه درمانی، مثلاً یک تلفن کوتاه بخصوص کمتر از پنج دقیقه.

گام ۱: همه علائم شناخته شده یا مشکوک اضطراب فراگیر

شناسایی

(۲- ب)برای کمک به افراد در درک اختلال اضطراب فراگیر و آغاز فوری و موثر درمان، در اسرع وقت به شناسایی و تشخیص اضطراب فراگیر بپردازید.

(۳- ب)تشخیص اختلال اضطراب فراگیر را مورد ملاحظه قرار بدهید در افرادی که اضطراب یا مشخصا نگرانی را بروز می‌دهند و در کسانی که تمایل به مراقبت اولیه مکرر دارند به این ترتیب :

- مشکل سلامت جسمی مزمن دارند **یا**
- مشکل سلامت جسمی ندارند ولی در مورد نشانه‌های سوماتیک برای اطمینان مجدد مورد بررسی قرار می‌گیرند (بخصوص افراد مسن و افرادی از گروه‌های اقلیت نژادی) **یا**
- نگرانی مکرر در دامنه وسیعی از دیدگاه‌های مختلف وجود دارد.

(۴- ب) وقتی فردی با اضطراب فراگیر شناخته شده یا مشکوک به اضطراب فراگیر تمایل به مراقبت اولیه دارد (اطمینان حاصل کنید از اینکه مشکل سلامت جسمی مزمن یا نشانه‌های سوماتیک و /یا نگرانی مکرر دارد، و به این نکته توجه کنید که کدامیک از این نشانه ها می‌توانند به اضطراب فراگیر مربوط باشند.

سنجش و آموزش

(۵- ب) برای افرادی که ممکن است اضطراب فراگیر داشته باشند، سنجش جامع را اجرا کنیدبه گونه ای که نه تنها به تعداد، شدت و مدت تداوم علائم توجه کند بلکه درجه آشفتگی و اختلال عملکرد را در نظر بگیرد.
(۶- ب) در قسمتی از سنجش جامع، به این نکته توجه نمایید که چگونه فاکتورهای زیر بر ایجاد، سیر و شدت اضطراب فراگیر تاثیر داشته اند: • هرگونه اختلال افسردگی همزمان یا هر اختلال اضطراب دیگر • هر گونه سوء استفاده از دارو همزمان با این اختلال • هرگونه شرایط پزشکی همزمان (مشکل جسمی) • سابقه اختلال در سلامت ذهنی • تجربه درمان در گذشته و تجربه پاسخ به درمان در گذشته
(۷-ب)برای افراد مبتلا به اضطراب فراگیر و اختلال افسردگی همزمان یا هر اختلال اضطرابی دیگر همزمان، ابتدا اختلال اولیه را درمان کنید، یعنی اختلالی که شدیدتر بوده و در این صورت با احتمال بیشتری، درمان به طور کلی به بهبود عملکرد می‌انجامد.
(۸- ب) برای افراد مبتلا به اضطراب فراگیر که سوء استفاده از مواد دارند، در این موارد آگاهی داشته باشید: • سوء استفاده از مواد می‌توانند با اضطراب فراگیر ترکیب شود. • استفاده از مواد غیر مضر،نمی بایست در درمان اضطراب فراگیر جزو موارد منع مصرف قرار بگیرد. • سوء استفاده از مواد مضر و وابسته کننده در ابتدا می‌بایست درمان شود چرا که می‌تواند به بهبود مشخص در علائم اضطراب فراگیر بینجامد.
(۹ - ب) پی گیری سنجش و تشخیص اضطراب فراگیر • آموزشی را درباره ماهیت اضطراب فراگیر و گزینه‌های درمان فراهم کنید. • نشانه‌های اختلال و عملکرد فرد را مورد نظارت قراردهید، چرا که آموزش و نظارت فعال می‌توانند علائم ضعیف اختلال را بهبود دهند و نیازی به مداخلات بعدی نباشد.
(۱۰- ب) در مورد داروهای تجویز نشده و تهیه آنها، با افراد مبتلا به اضطراب فراگیر بحث کنید. پتانسیل تداخل با دیگر داروهای تجویز شده و تجویز نشده و فقدان شواهد معتبر برای حمایت از استفاده ایمن از آنها را شرح دهید.

گام ۲ : تشخیص اضطراب فراگیر به گونه ای که بعد از مداخلات گام ۱ بهبود نیافته باشد.

مداخلات روانشناختی با شدت کم برای اضطراب فراگیر.

(۱۱- ب) برای افراد مبتلا به اضطراب فراگیر که علائم اضطراب آنان بعد از آموزش و نظارت فعال در گام ۱ بهبود نیافته باشد، یک مداخله یا بیشتر از موارد زیر به عنوان مداخله خطا ولو بر اساس اولویت خود فرد پیشنهاد کنید:

- خودیاری تسهیل نشده فردی
- خودیاری هدایت شده فردی
- گروه‌های آموزشی روانشناختی

(۱۲- ب) خودیاری تسهیل نشده فردی برای افراد مبتلا به اضطراب فراگیر می‌بایست :

- شامل نسخه‌های الکترونیک یا کتبی برای خواندن در سن مناسب (یا رسانه جایگزین) باشد.
- اساسش بر اصول درمان شناختی _رفتاری ((CBT باشد.
- شامل تمرین برای فرد باشد طوری که به شکل منظم در طول یک دوره حداقل شش هفته‌ای با فرد کار شود.
- معمولاً شامل حداقل تماس درمانی باشد. مثلا یک تلفن ویژه کوتاه که بیش از ۵دقیقه ادامه پیدا نکند.

(۱۳- ب) خودیاری هدایت شده فردی برای افراد مبتلا به اضطراب فراگیر می‌بایست :

- شامل نسخه‌های الکترونیک یا کتبی برای خواندن در سن مناسب (یا رسانه جایگزین) باشد.
- توسط یک مربی با تجربه مورد حمایت قرار گیرد که برنامه خودیاری را تسهیل کند و پیشرفت و پیامد را مرور کند.
- معمولا شامل پنج الی هفت جلسه هفتگی یا دو هفته یکبار جلسه حضوری یا مکالمه تلفنی باشد،که هریک ۲۰ الی ۳۰ دقیقه طول می‌کشد.

(۱۴- ب) گروه‌های آموزشی روان شناختی برای افراد مبتلا به اضطراب فراگیر می‌بایست:

- اساسش بر اصول درمان شناختی _ رفتاری ((CBT باشد و یک طرح تعاملی داشته باشد و یادگیری مشاهده‌ای را تشویق کند.
- شامل سخنرانی وکتاب راهنمای خودیاری باشند.
- توسط افراد مجرب اجرا شود.
- هر درمانگر،حدود ۱۲ شرکت کننده را مدیریت نماید.
- معمولا شامل شش جلسه هفتگی ۲ ساعته باشند.

(۱۵- ب) پزشکانی که گروه‌های خود یاری و / یا آموزشی روانشناختی را بر عهده می‌گیرند می‌بایست:

- به طور منظم و با کیفیت بالا مورد نظارت قراربگیرند.
- اقدامات پی گیری معمول را به کار برند و اطمینان حاصل کنند که فرد مبتلا به اضطراب فراگیر مشغول مرور کارآمدی درمان است.

گام ۳: اضطراب فراگیر همراه با اختلال عملکرد مشخص یا بدون بهبود پس از مداخلات گام ۲

گزینه‌های درمانی

(۱۶- ب)برای افراد مبتلا به اضطراب فراگیر همراه با اختلال عملکردی مشخص، یا کسانیکه علائم اختلال آنها به مداخلات گام ۲ پاسخ مناسبی نداده است:
• یکی از موارد زیر را پیشنهاد کنید :
- یک مداخله روانشناختی با شدت بالا {نگاه کنید به (۱۷-ب)_ (۲۱ - ب)} **یا**
- درمان دارویی {نگاه کنید به (۲۲-ب)_ (۳۲- ب)}
• در مورد فواید و نقاط ضعف هریک از اشکال درمان،اطلاعات کلامی یا کتبی ارائه کنید. شامل این موضوع که درمان دارویی، گاهی به عوارض جانبی و سندرم‌های گوشه گیری می‌پیوندد.
• انتخاب گزینه درمان را بر اولویت خود فرد بنا کنید، چرا که هیچ مدرکی دال بر اینکه کدام شیوه درمانی (مداخلات روانشناختی فردی با شدت بالا یا درمان دارویی) بهتر است، وجود ندارد.

مداخلات روانشناختی با شدت بالا

(۱۷- ب) اگر فرد مبتلا به اضطراب فراگیر، مداخله روانشناختی با شدت بالا را انتخاب کند، CBT یا آرامسازی عملی را پیشنهاد دهید.

(۱۸ – ب) CBT برای افراد مبتلا به اضطراب فراگیر می‌بایست:
• بر اساس کتاب راهنمای درمان به کار رفته در آزمایشات بالینی CBT برای اضطراب فراگیر باشد.
• توسط افراد با صلاحیت و مجرب اجرا شود.
• معمولا شامل ۱۵-۱۲ جلسه هفتگی (کمتر، اگر فرد زودتر بهبود پیدا کند و بیشتر اگر از نظر بالینی نیاز باشد) مدت هر جلسه یک ساعت می‌باشد.

(۱۹- ب) آرامسازی کاربردی برای افراد مبتلا به اضطراب فراگیر می‌بایست :
• بر اساس کتاب راهنمای درمانی به کار رفته در آزمایشات بالینی آرامسازی عملی برای اضطراب فراگیر باشد.
• توسط افراد با صلاحیت و مجرب اجرا شود.
• معمولا شامل ۱۵-۱۲ جلسه هفتگی (کمتر، اگر فرد زودتر بهبود پیدا کند و بیشتر اگر از نظر بالینی نیاز باشد) مدت هر جلسه یک ساعت می‌باشد.

(۲۰ -ب) افراد ارائه کننده مداخلات روانشناختی با شدت بالا برای اضطراب فراگیر می‌بایست:
• در صورت امکان و با رضایت فرد از طریق ضبط صوتی یا ویدیویی جلسات درمانی، و با نظارت منظم این جلسات، تعهد به مدل درمانی را نشان بدهند.
• اقدامات پی گیری معمول را به کار برند و اطمینان حاصل کنند که برای فرد مبتلا به اضطراب فراگیر،درمان کار آمد می‌باشد.

(۲۱- ب)در صورت امکان،تمام مداخلات را به زبان اولویت فرد مبتلا به اضطراب فراگیر ارائه کنید.

درمان دارویی

(۲۲- ب) اگر فرد مبتلا به اضطراب فراگیر، درمان دارویی را انتخاب می‌کند،یک SELECTIVE SEROTONIN REUPTAKE INHIBIT (SSRT)را انتخاب کنید. توجه داشته باشید که ابتدا SERTALINEرا پیشنهاد کنید چون موثرترین داروست، اما دقت کنید که SERTALINE در زمان انتشار (ژانویه ۲۰۱۱) مجوز بازاریابی UK برای این نشانه را نداشته است. رضایت آگاهانه باید از فرد کسب و مکتوب گردد. نظارت بر فرد را برای عوارض جانبی حفظ کنید.

(۲۳- ب) اگر SERTALINE موثر نیست، یک SSRT جایگزین یا یک – SEROTONIN – NORO DRENALINE REUPTAKE INHIBITOR (SNRI) پیشنهاد کنید، با در نظر گرفتن فاکتورهای زیر:

- گرایش به ایجاد سندرم گوشه گیری (بخصوص با داروی paroxetin and venlafaxine)
- پروفایل عوارض جانبی و پتانسیل تداخل دارویی
- خطر خودکشی و احتمال مسمومیت در دوز بالا (بخصوص با venlafaxine)
- تجربه پیشین فرد در درمان با داروهای فردی (بخصوص طرفداری، کارآمدی عوارض جانبی، تجربه سندرم گوشه گیری و ترجیح فرد)

(۲۴- ب) اگر فرد تحمل داروهای SSRI یا SNRI را ندارد، pregabalin را پیشنهاد کنید.

(۲۵- ب) در طول درمان اضطراب فراگیر، بنزودیازپین را در هنگام مراقبت اولیه یا ثانویه پیشنهاد نکنید، مگر در هنگام بحران و برای تجویز کوتاه مدت.

(۲۶- ب) در درمان اضطراب فراگیر در مراقبت اولیه داروی آنتی سایکوتیک را پیشنهاد نکنید.

(۲۷- ب) قبل از تجویز هر دارویی، در مورد گزینه‌های درمان و همه موارد مربوطه،با فرد مبتلا به اضطراب فراگیر صحبت کنید. دلایل این تجویز را کاملا شرح دهید و اطلاعات کتبی و کلامی در موارد زیر را به او ارائه دهید:

- فواید احتمالی درمانهای مختلف
- گرایش مختلف هر دارو برای عوارض دارویی، سندروم گوشه‌گیری و تداخلات دارویی
- خطر فعال سازی با داروهای SSRT و SNRT، با نشانه‌هایی مثل افزایش اضطراب، تحریک و مشکل خواب.
- رشد تدریجی اثرات ضد اضطرابی کامل، ورای یک هفته یا بیشتر
- اهمیت مصرف دارو به عنوان تجویز و نیاز به تداوم درمان بعد از بهبود علائم بیماری برای جلوگیری از عود آن.

(۲۸- ب)میزان افزایش خطر خون ریزی با داروهای SSRI را در نظر بگیرید، بخصوص برای افراد مسن یا آنهایی که داروهای دیگر مصرف می‌کنند. که می‌تواند به مخاط دستگاه گوارش آسیب بزند یا با لخته شدن خون تداخل کند (مثلا NSAIDS یا آسپیرین). در این شرایط تجویز دارویی را برای حفاظت از دستگاه گوارش مورد توجه قراربدهید.

(۲۹- ب) برای افراد زیر ۳۰ سال که داروی SSRI یا SNRI پیشنهاد می‌کنید، توجه کنید که :

- آنها را مطلع کنید از اینکه این داروها در تعداد کمی از افراد زیر ۳۰ سال به افزایش خطر فکر خودکشی و خود آسیبی می‌انجامد. و
- بعد از یک هفته مصرف دارو آنها را ویزیت کنید. و
- در ماه اول، خطر فکر خود کشی و خود آسیبی را به طور هفتگی بررسی کنید.

(۳۰- ب)به افرادی که به محض آغاز درمان دارویی، عوارض جانبی دارویی نشان می‌دهند، اطلاعات بدهید و یکی از تکنیک‌های زیر را در نظر بگیرید:

- نظارت زود به زود بر نشانه‌های فردی (اینکه آیا عوارض جانبی خفیف بوده و برای فرد قابل پذیرش باشد) یا
- کاهش دوز دارو یا
- توقف دارو، و با توجه به ترجیح بیمار، پیشنهاد یکی از موارد زیر :
  - یک داروی جایگزین{(۲۳-ب)_(۲۴- ب)} را ببینید
  - یک مداخله روانشناختی با شدت بالا {(۱۷-ب)_(۲۱-ب) را ببینید

(۳۱- ب) در طی سه ماه اول درمان اثر و عوارض جانبی دارو را هر ۲ الی ۴ هفته و هر ۳ ماه بعد از آن بررسی کنید.

(۳۲- ب) اگر دارو موثر است، از بیمار بخواهید که برای حداقل یک سال تا زمانی که احتمال عود آن بالاست به مصرف دارو ادامه بدهد.

واکنش نامناسب به مداخلات گام ۳

(۳۳- ب) اگر اضطراب فراگیر بیمار به دوره کامل مداخلات روانشناختی با شدت بالا پاسخ نداد، درمان دارویی را پیشنهاد کنید {ببینید(۲۲- ب)_ (۳۲- ب)}

(۳۴- ب) اگر اضطراب فراگیر بیمار به درمان دارویی پاسخ نداد، هر مداخله روانشناختی با شدت بالا را پیشنهاد کنید {ببینید (۱۷-ب)- (۲۱-ب)}، یا یک درمان دارویی جایگزین را پیشنهاد کنید. {ببینید (۲۳-ب) – (۲۴-ب)}.

(۳۵- ب) اگر فرد مبتلا به اضطراب فراگیر به طور نسبی به درمان دارویی پاسخ بدهد، علاوه بر درمان دارویی، یک مداخله روانشناختی با شدت بالا را پیشنهاد کنید.

(۳۶-ب)اگر فرد مبتلا به اضطراب فراگیر اضطراب شدید همراه با اختلال عملکرد مشخص با علائم زیر را دارد به گام ۴ بروید:

- خطر خود آسیبی یا خودکشی یا
- همبودی مشخص، مثل سومصرف دارو، اختلال شخصیت، یا مشکلات سلامت جسمی پیچیده یا
- غفلت از خود یا
- پاسخ نامناسب به مداخلات گام ۳.

گام ۴: اختلال اضطراب فراگیر مقاوم به درمان و پیچیده و اختلال عملکرد بسیار مشخص یا خطر بالای صدمه به خود

سنجش:

(۳۷- ب)به فرد مبتلا به اضطراب فراگیر، سنجش ویژه نیاز ها و خطرات را پیشنهاد کنید شامل:
- مدت و شدت علائم، اختلال عملکرد، بیماری‌های همراه، خطر برای خود و غفلت از خود
- مرور صوری درمان فعلی و درمان قبلی شامل تداوم درمان دارویی تجویز شده قبلی و تعهد به مداخلات روانشناختی قبلی، و تاثیر نشانه ها و اختلال عملکرد
- محیط منزل
- رابطه با خانواده و مراقبین و تاثیر بر آنها

(۳۸- ب)مرور نیازها ی خانواده و مراقبین و پیشنهاد یک سنجش از نوع مراقبت و نیازهای سلامت ذهنی و جسمی البته در صورتیکه قبلا به او پیشنهاد نشده باشد.

(۳۹- ب)پی‌ریزی یک برنامه مراقبت جامع با همکاری فرد مبتلا به اضطراب فراگیر به شکلی که نیازها، خطرات و اختلال عملکرد در آن مشخص بوده و برنامه درمانی واضحی داشته باشد.

درمان:

(۴۰-ب) افرادی را که قبلاً پیشنهاد درمان نداشته‌اند یا آنهایی که از مداخلات درمانی گام‌های ۱ الی ۳ سر پیچی کرده‌اند،در مورد فواید بالقوه این مداخلات مطلع کنید و به آنها مداخله ای را که تجربه نکرده‌اند پیشنهاد کنید.

(۴۱- ب)پیشنهاد تلفیقی از درمان روانشناختی و دارویی را مورد توجه قرار بدهید. تلفیقی از داروهای ضد اضطراب با داروهای دیگر یا افزایش داروهای ضد اضطراب را با احتیاط انجام بدهید و آگاه باشید از اینکه :
- شواهدی برای درمانهای تلفیقی وجود ندارد و
- احتمال عوارض جانبی و تداخل دارویی با ترکیب و افزایش داروهای ضد اضطراب افزایش می‌یابد.

(۴۲-ب)درمانهای تلفیقی می‌بایست فقط توسط افرادی صورت بگیرد که متخصص درمان‌های روانشناختی و دارویی اختلال اضطرابی مقاوم به درمان باشند و این موضوع بعد از گفتگوی کامل در مورد مزایا و معایب احتمالی انواع درمان انجام بگیرد.

(۴۳-ب)هنگام درمان افراد مبتلا به اختلال اضطرابی فراگیر پیچیده و مقاوم به درمان، آنها را از پژوهش‌های بالینی مربوطه که ممکن است تمایل به شرکت داشته باشند مطلع فرمایید.

تشخیص

اضطراب، یک علامت برجسته بسیاری از اختلالات روانپزشکی است. اما اخیرا فقط چند اختلال اضطرابی متمایز در سیستم طبقه بندی به رسمیت شناخته شده است. ویژگی کلیدی اختلال اضطراب فراگیر،نگرانی و دلهره ای است که متناسب با شرایط نیست. این نگرانی ها به طور معمول گسترده اند و شامل بسیاری از مسائل روزمره هستند که تمرکز نگرانی بر آنها تغییر می‌کند. فرد مبتلا در می‌یابد که کنترل نگرانی دشوار است، و این می‌تواند عملکرد شغلی و اجتماعی فرد را کاهش دهد (تایرر[12] و بالدوین[13]،۲۰۰۶ؤ بیتران[14] و همکاران،۲۰۰۹).

افراد مبتلا به اختلال اضطراب فراگیر علاوه بر اینکه کنترل نگرانی شدید و تعمیمیافته خود را مشکل میابند،بلکه دیگر علائم روانی و جسمی اضطراب را نیز تجربه می‌کنند. علائم روانی اختلال اضطراب فراگیر شامل تحریک پذیری، کاهش تمرکز، افزایش حساسیت به سر و صداو اختلال خواب است که به طور معمول مشکل در خواب رفتن (شروع خواب) وجود دارد. علائم جسمی اختلال اضطراب فراگیر می‌تواند به طور آشکار در بسیاری از جهات متفاوت باشد. مثلاً یک سیستم عصبی خود مختار بیش از حد فعال می‌تواند به تعریق، خشکی دهان، تپش قلب، تکرر ادرار، ناراحتی اپی گاستریک و یا حرکات مکرر یا کاهش حرکات روده منجر شود، در حالیکه تنفس عمیق و سریع ممکن است به احساس تنگی نفس و سرگیجه منجر شود. افزایش تنش عضلانی به طور معمول اضطراب مزمن را همراهی می‌کند و ممکن است به صورت تجربه بی‌قراری، ناتوانی در استراحت، سردرد و دردهای aching، به خصوص در شانه‌ها و پشت احساس شود (گلدر[15] و همکاران، ۲۰۰۶).

اختلال اضطراب فراگیر اغلب با دیگر اختلالات ذهنی همراه است. که می‌تواند تظاهر آن را پیچیده تر کند. میزان این همبودی (همزمانی) در تحقیقات مختلف بین ۶۸ تا ۹۳ درصد همبودی با یکی دیگر از اختلالات سلامت روانی محور ۱ برآورد شده است. (کارتر[16] و همکاران، ۲۰۰۱ و هانت[17] و همکاران، ۲۰۰۲ و اسمد / مهدیا[18] ۲۰۰۰).

اختلالات همبود که به ویژه شایع هستند، شامل اختلالات افسردگی (بخصوص افسردگی اساسی و دیس تایمی)، دیگر اختلالات اضطرابی (به ویژه اختلال پانیک، ترس از اجتماع و ترس‌های خاص) و اختلال سوماتوفرم. (بیتران و همکاران، ۲۰۰۹ و کارتر و همکاران، ۲۰۰۱ و هانت و همکاران، ۲۰۰۲ و گرانت و

---

12 -Tyrer

13 -Baldwin

14 -Bitran

15Gelder

16 -Carter

17 -Hunt

18- ESEMeD/MHEDEA

همکاران، ۲۰۰۵ و کسلر و همکاران، ۲۰۰۵). همچنین همبودی قابل توجهی با سوء استفاده از مواد مخدر بخصوص در میان مردان وجود دارد. (گرانت و همکاران، ۲۰۰۵ ؤ کسلر و همکاران، ۲۰۰۵).

اضطراب فراگیر نیز اغلب به همراه مشکلات سلامت جسمی مثل ورم مفاصل و اختلالات دستگاه گوارش و اختلالات تنفسی رخ می‌دهد و ممکن است تقلیدی از نمود ارائه برخی از بیماری‌های جسمانی باشد (مثل پر کاری تیروئید) (کالپپر[19]،۲۰۰۹ و روی بایرن[20]و همکاران، ۲۰۰۸ و سارین[21] و همکاران، ۲۰۰۶).

با توجه به علائم جسمی اضطراب که در اختلال اضطراب فراگیر مرکزیت دارند، و بیماری‌های جسمی همراه، افراد مبتلا به اختلال اضطراب فراگیر که تحت مراقبت اولیه هستند ممکن است بر مشکلات جسمییا اختلال خواب تاکید کنند تا بر نگرانی بیش از حد یا علائم روانی اضطراب (ریکلز[22]و راین[23]، ۲۰۰۱).

جدول زیر معیارهای تشخیصی اضطراب را نشان می‌دهد:

جدول معیارهای تشخیصی DSM-IV-TR برای اختلال اضطراب فراگیر

الف) اضطراب و نگرانی افراطی (انتظار توام با بیمناکی و تشویش) به خاطر چند واقعه یا فعالیت (مثل عملکرد شغلی یا تحصیلی) که حداقل به مدت شش ماه در اکثر روزها اتفاق بیفتد.
ب) فرد احساس کند که کنترل این نگرانی دشوار است
پ) اضطراب و نگرانی مزبور حداقل با سه تا از علائم شش گانه زیر همراه باشد (به طوری که لااقل برخی از این علائم در شش ماه گذشته دراکثر روزها وجود داشته باشند: ۱. بی قراری یا احساس دلواپسی یا عصبی بودن ۲. زود خسته شدن ۳. دشواری در تمرکز یا احساس کار نکردن(خالی بودن)مغز ٤. تحریک پذیری ٥. تنش عضلانی ٦. آشفتگی در خواب (مشکل در به خواب رفتن یا حفظ تداوم خواب، یا خوابیدن توام با بی قراری و عدم ارضا)

19 -Culpepper

20 -Roy-byrne

21 -Sareen

22 -Rickels

23 -Rynn

ت) اضطراب و نگرانی مذکور به دلیل ویژگی اختلالی در محور I پیدا نشده باشد. مثلا اضطراب ونگرانی فرد به خاطر پیدایش حمله پانیک(چنان که در اختلال پانیک جنین است) شرمنده شدن در جمع (چنان که در فوبی اجتماعی چنین است) آلوده شدن (چنان که در اختلال وسواسی- اجباری چنین است) چاق شدن (چنان که در بی اشتهایی عصبی چنین است) وجود شکایات جسمی متعدد (چنان که در اختلال جسمانی سازی چنین است) یا ابتلا به یک بیماری جدی(چنان که در اختلال خود بیمارانگاری چنین است) نباشد و صرفاً در حین PTSD هم پیدا نشود

ث) اضطراب، نگرانی یا علائم جسمی مذکور رنج و عذابی ایجاد کرده باشدکه به لحاظ بالینی چشمگیر باشد. یا کارکردهای اجتماعی، شغلی یا سایر حوزه‌های مهم کار کرد فرد را مختل کرده باشد.

ج) علائم مزبور ناشی از اثرهای مستقیم یک ماده (مثلاً از مواد مورد سوء مصرف یا از داروها) یا یک بیماری طبی عمومی (مثل پرکاری تیروئید) نباشد و صرفا در حین یک اختلال خلق، یک اختلال سایکوتیک یا یک اختلال نافذ رشدی نیز پیدا نشود.

درمان

کشف، شناسایی و ارجاع در مراقبت اولیه

با توجه به شیوع در جامعه، GAD در میان شرکت کنندگان در مراقبت اولیه، در حدود ۵ درصد شایعتر است و شایعترین اختلال اضطرابی است. در مطالعات بین المللی اخیر در برخی جمعیت‌های کلی بزرگتر، میزان شیوع اختلالات اضطرابی گزارش شده در طول ۱۲ ماه، از ۵/۶ تا ۱۸/۱ بوده است که در آن میان بیش از نیمی از شیوع گزارش شده، مربوط به اختلال GAD و پانیک است. (بامیستر و هارتنر، ۲۰۰۷). نوع تشخیص و درمان پزشکان عمومی از اختلالات اضطرابی، بسیار پائین‌تر از آن چیزی است که در شیوع انتظار می‌رود (ویچن و جکوبی، ۲۰۰۵). ویچن و همکارانش (۲۰۰۲) دریافتند که میزان نرخ شناسایی توسط پزشکان در مراقبت اولیه، فقط ۳۴/۴ درصد در GAD خالص و ۴۳ درصد برای GAD همراه با افسردگی است. احتمالاً دلایل زیادی وجود دارد که چرا پزشکان عمومی در شناسایی اختلال اضطرابی در بیمارانشان ضعیف عمل می‌کنند. افراد مبتلا به GAD ممکن است علائم اضطراب، نگرانی، تنش، تحریک پذیری یا خستگی را داشته باشند، که در این مورد آنها تمایلی به شکایت این موارد به پزشک ندارند. زیرا این علائم را پزشکی نمی‌دانند یا اینکه پزشکان عمومی ممکن است این علائم را به عنوان نشانه هایی از یک ناخوشی کلی تر بدانند و آن نشانه ها را به طور ویژه در نظر نگیرند ودر نتیجه از علل ممکن و یا اضطراب سوالی نکنند (آرول و کندریک،۲۰۰۹). بعلاوه، بسیاری از مردم ممکن است علائم سوماتیک (جسمانی) همراه با اضطراب را ارائه دهند که اینها را مشروع تر و نگران کننده تر نشان می‌دهد. به نظر می‌رسد که افراد مبتلا به اختلالات اضطرابی، اغلب کاربران مکرر از منابع مراقبت‌های اولیه هستند، اما اگر

جزء اضطراب مسئله آنها قابل شناسایی نباشد ممکن است درمان صحیح را دریافت نکنند و ممکن است تحت اقدامات غیر ضروری و پر هزینه قرار گیرند، به ویژه در مورد علائم جسمانی خود (هالز و همکاران، ۱۹۹۷). طی مراقبت اولیه، توان شناسایی پزشکان توسط فاکتورهایی مثل سن بیشتر، حضور مشکلات روانشناختی دیگر، و افزایش دانش، مهارتها و نگرش‌های آنان افزایش می‌یابد (تایلی و والتوس ،۲۰۰۷).شواهدی وجود دارد مبنی بر اینکه پزشکان عمومی، ممکن است درمان‌های مبتنی بر شواهد را به افراد مبتلا به اختلالات اضطرابی ارائه ندهند، و اینکه درمانهای پیشنهادی اغلب دارویی هستند، تا درمانهای روانشناختی مثل درمان شناختی رفتاری (CBT) (اشتین و همکاران، ۲۰۰٤). با توجه به دسترسی محدود به این درمان، اگرچه این موضوع می‌تواند با افزایش دسترسی به درمانهای روانشناختی از طریق برنامه افزایش دسترسی به درمان‌های روانشناختی (IAPT) بهبود پیدا کند.

اکثر درمانهای پیشنهادی برای اختلالات اضطرابی به احتمال زیاد در مورد مراقبت‌های اولیه است و ممکن است افرادی را مثل پزشکان عمومی، یا روان درمانگران سطحی مثل یک کارمند بهداشت عمومی و یا مشاور را در بر بگیرد. کتاب‌های خودیاری و مداخلات مبتنی بر وب شبکه می‌توانند برای افراد مبتلا به GAD موثر باشند، اگر چه ارجاع پزشکان به مراقبت‌های ثانویه، مانند روان درمانگران عمیق می‌تواند تاثیر بیشتری بر این افراد داشته باشد. ارجاع به خدمات سلامت ذهنی روانپزشکی در مراقبت ثانویه احتمالاً نادر است و به افرادی تعلق می‌گیرد که مقاومترین نشانه‌ها را نسبت به درمان نشان می‌دهند و اختلال شدید عملکردی دارند.

به طور خلاصه می‌توان گفت لازم است که بر تشویق افراد برای ارائه فعال علائم اضطراب خود تاکید بیشتری صورت گیرد و اینکه پزشکان عمومی به این نشانه‌ها بیشتر توجه کنند. به خصوص در افرادی که افسردگی و مشکلات سلامت جسمی مزمن دارند. و لازم است در اسرع وقت، درمان‌هایی موثر مبتنی بر شواهد ارائه شوند، قبل از اینکه این نوع اختلال به یک مشکل طولانی مدت تبدیل شود.

سنجش و هماهنگی مراقبت

دست‌اندرکاران مراقبت‌های اولیه و سلامت روان نیاز به داشتن مهارت در شناسایی GAD و تمایز آن از دیگر اختلالات و افسردگی دارند تا بتوانند GAD را ارزیابی نموده و درمان مناسب را ارائه دهند. سنجش شامل ارزیابی علائم GAD بخصوص نگرانی و نشانه‌های جسمانی اضطراب، طول مدت این علائم، میزان اختلال عملکرد فرد و پریشانی و منابع مقابله آنها می‌باشد. سنجش همچنین لازم است ارزیابی علائم اختلالات افسردگی و اضطرابی دیگر (بخصوص اختلال هراس، هیپوکندری، وسواس، فوبیای اجتماعی، اختلال افسردگی اساسی و اختلال افسردگی خویی) صورت بگیرد، با توجه به اینکه در علائم این دو مورد همپوشانی وجود دارد(برای تشخیص افتراقی) و نیز بین GADو اختلالات دیگر همبودی وجود دارد.

قسمت عمده درمان، یا در مراقبت اولیه صورت می‌گیرد یا به آن مربوط است، که معمولاً به طور مستقیم توسط پزشکان عمومی یا روان درمانگران مرتبط با آنها صورت می‌گیرد. پزشکان عمومی در مرکز

هماهنگی‌های مربوط به مراقبت قرار دارند. اطمینان از یک برنامه درمانی مشترک و واضح بین پزشکان عمومی و روان درمانگران مهم است. برای یک اقلیت کوچک از مردم مبتلا به اختلالات خیلی شدید، درمان می‌تواند توسط یک تیم چند حرفه ای در طی مراقبت ثانویه با هماهنگی با رویکرد برنامه مراقبت (CPA) ارائه شود.

درمان‌های دارویی

آزمایشات کنترل شده با پلاسبو نشان می‌دهد که طیف وسیعی از داروها با خواص دارویی متفاوت می‌تواند بر درمان GADموثر باشند (بالدوین و همکاران ،۲۰۰۵). به طور سنتی، داروهای بنز و دیازپین مانند دیازپام، به این منظور استفاده می‌شد ولی روشن شد که استفاده از آنها معمولاً با گسترش تحمل و وابستگی به دارو همراه می‌شود (دانشکده روانپزشکی رویال، ۲۰۰۵). به همین دلیل، در حال حاضر تنها برای استفاده کوتاه مدت پیشنهاد می‌شود(۲تا ٤ هفته) (Biritish medical association & the royal pharmaceutical society of great Britain , 2009). در سالهای اخیر، داروهای ضد افسردگی مانند SSRI ها به طور فزاینده ای در درمان GAD به کار می‌روند (بالدوین و همکاران، ۲۰۰۵).

بر خلاف بنزودیازپین ها، داروهای ضد افسردگی، اضطراب را از شروع درمان مبرا نمی‌کند و اغلب سپری شدن یک دوره چند هفته ای لازم است قبل از اینکه بهبود مشخصی در علائم بالینی دیده شود. تحمل و وابستگی دارویی به نظر نمی رسد که با درمان داروهای ضد افسردگی مشکلی داشته باشد. گرچه باید توجه نمود که مانند بنزودیازپین‌ها، داروهای ضد افسردگی می‌تواند باعث قطع نشانه ها با خروج ناگهانی بشوند (مهارا، ۲۰۰٤). و همچنین SSRI ها، مهارکننده‌های بازجذب نورآدرنالین سروتونین،SNRI ها، همچنین ونلافاکسین(venlafaxine) و دلوکستین (Deloxetine) همچنین بر GADموثرند، مانند داروهای ضد افسردگی سه حلقه ای که کمتر مورد انتخاب اند و قدیمی‌ترند، TCAها مثل ایمیپرامین (imipramine). با این حال TCAها مانند داروهای ضدافسردگی جدیدتر قابل تحمل نیستند و مصرف بیش از اندازه آنها خطرناک است (بالدوین و همکاران، ۲۰۰۵).

علاوه بر داروهای ضد افسردگی، دیگر ترکیات نیز در درمان GADموثرند. اینها شامل هیدروکسین، آنتی هیستامین و پری گاپامین ضد تشنج (anticonvalsant drug pregabli) که در مغز به یک زیر گروه از کانال کلسیم متصل می‌گردند می‌باشند (بالدوین و همکاران، ۲۰۰۵).). هر دو داروی آنتی سایکوتیک معمولی و آنتی سایکوتیک جدیدتر آتیپیک نیز در درمان GAD استفاده می‌شوند، و هر دو زمانی به عنوان تنها درمان و یک درمان افزودنی به درمان SSRIبودند، در حالیکه که بعدها بی‌اثر شناخته شدند (پایز، ۲۰۰۹). با این حال بیشتر شدن بار عوارض جانبی داروهای آنتی سایکوتیک به این معنی است که کاربرد آنها در حال حاضر به ا فرادی با شرایط خاص محدود می‌شود و همراه با پی گیری در مراقبت ثانویه.

در ارتباط با پلاسبو موثر شناخته شده است، GADدر حالیکه، بسیاری از درمان‌های دارویی در درمان

مطالعات تطبیقی کمی بین داروشناسی فعال در داروها وجود دارد. علاوه بر این پیش بینی قابل اعتماد بالینی یا بیولوژیکی از واکنش درمان در افراد وجود دارد. به همین دلیل مجموعه ای از درمان‌های دارویی معمولاً براساس پروفایل عوارض جانبی و تاریخچه واکنش دارویی در یک فرد بخصوص ساخته شده است.

درمان‌های روانشناختی

تحول در درمان روانشناختی برای GADمتمایل به تغییرات موازی در مفهوم سازی معیارهای تشخیصی برای GAD است و در حال حرکت از یک رویکرد کلی تر به سمت مداخلات ویژه است. درمان‌های روانشناختی اولیه برای GAD،مداخلات غیر اختصاصی مثل روان درمانی حمایتی و آموزش ریلکسیشن را شامل می‌شدند. بسته‌های درمانی اولیه شناختی- رفتاری GAD(بورکووک و کاستلو ،۱۹۹۳) بر درمان‌های برانگیختگی اضطراب مداوم تاکید داشت و اغلب شامل مداخلاتی بود مثل، ریلکسیشن عملی، تمرین تصاویر (تمرین‌های تجسمی از مهارتهای مقابله در پاسخ به اضطراب) کنترل محرک، (بر مبنای افزایش کنترل بر نگرانی) و رویکردهای شناختی بر اساس کار بک و همکارانش ۱۹۸۵. CBTهای جدیدتر بر نقش ویژه نگرانی در GAD تاکید دارند و تلاش می‌کنند که هنگام درمان، بر فرآیندهای فکری متمرکز شوند که زیر بنای اختلال می‌باشد. یک مثال این مورد CBT با هدف عدم تحمل عدم قطعیت (دوگاس و همکاران،۲۰۰۷)است یا درمان فراشناختی ولز (ولز،۱۹۹۹) که بر اهمیت باورهای افرادی تاکید می‌کند که در آن مورد نگران اندو تلاش به تغییر آن باورها دارد.

بورکوک و همکاران (۱۹۹۳)، پروتکل‌های CBTموجود را با تکنیک‌های بین فردی / روان پویشی تکمیل کردند تا الگوهای رابطه ای مشکل دار را که در افراد مبتلا به GADیافت می‌شود و نیز تلویحاتی از تئوری اجتنابی نگرانی را بررسی کنند که نشان می‌دهد افراد مبتلا به GADبه منظور اینکه از تجربه احساسات منفی اجتناب کنند نگران هستند.

برداشت دیگری از CBT،رویکردهای مبتنی بر پذیرش و رویکرد ذهن آگاهی را در درمان GADیکپارچه نموده است، ترکیبی از پذیرش و تجربه مکرر احساسات مورد اجتناب در پروتکل درمانی (اورسلو و همکاران،۲۰۰۳).

مراقبت گام به گام

مراقبت گام به گام (اسکوین و همکاران،۲۰۰۳) چارچوبی است که به طور فزاینده ای در انگلستان برای تعیین بهترین شیوه در طراحی مسیرهای بالینی مراقبت استفاده می‌شود. مراقبت گام به گام برای افزایش بهره وری از ارائه خدمات و در نتیجه به نفع جمعیت بیمار طراحی شده است. اصل اساسی این است که بیماران مبتلا به اختلال در سلامت ذهنی مشترک، در صورت نیاز، سطوح پیشرونده درمانی گام‌بندی شده را طی می‌کنند، با این انتظار که بسیاری از این بیماران تحت درمان‌های کمتر عمیق، بهبود یا پیشرفت حاصل می‌کنند. از ویژگی‌های کلیدی مراقبت گام به گام این است که درمانهایی که در ابتدا انجام می‌شوند باید

کمترین محدودیت را داشته باشند و اینکه این مدل باید «خوداصلاح» باشد. تعریف «کمترین محدودیت» می‌تواند به این موضوع اشاره کند که تاثیر بر بیماران بر حسب هزینه و شرایط شخصی مدنظر است. اما می‌تواند همچنین به مدت زمان درمانگر متخصص اشاره نماید (منظور شدت درمان است). درمان عمیق تر برای بیمارانی در نظر گرفته می‌شودکه از درمان هایی با شدت کمتر بهره‌ای نبرده‌اند، یا برای آنهایی که می‌توان با دقت بالا پیش بینی نمود که از چنین درمان هایی بهره مند نخواهند شد.

«خود اصلاحی» در این متن به این معنی است که تصمیم در مورد ارائه درمان و اثرات درمان، به صورت نظارت سیستماتیک در نظر گرفته می‌شود و تغییرات (رفتن به گام بعدی) وقتی رخ می‌دهد که درمان فعلی، به طور مشخص به بهبود نینجامیده باشد. بنابراین، مراقبت گام به گام پتانسیلی برای استخراج بیشترین بهره‌مندی را از منابع درمانی قابل دسترس دارد (بون و گیلبادی، ۲۰۰۵). اجرای موفقیت آمیز مدل مراقبت گام به گام، برای اجرای موثر راهنمای حاضر بسیار مهم است (لاول وبی، ۲۰۰۸). دو مورد مفهوم سازی از مدل مراقبت گام به گام وجود دارد.

ابتدا مدل ترتیبی است که همه افراد در گام‌های آن به شیوه‌ای سیستماتیک حرکت می‌کنند، صرف نظر از شدت ضرورت یا انتخاب. تمام بیماران در ابتدا، یک درمان با شدت کم مبتنی بر شواهد را دریافت می‌کنند و فقط هنگامی متوقف می‌شوند که از درمان کم شدت پیشنهادی بهره ای نبرده باشد. مدل دوم یک مدل طبقه بندی شده و یا دارای دسترسی چندگانه است، که به بیماران اجازه می‌دهد که در ابتدا بدون اینکه درمانهای با شدت کم را دریافت کنند، درمان هایی با شدت بالا را دریافت نمایند. (لاول و ریچاردز، ۲۰۰۰)

پیگیری

وظایف پزشک درمورد بیمار مبتلا به اختلال اضطرابی

- ویزیت افراد مشکوك به اختلال، بر اساس الگوریتم و تصمیم گیری در مورد نحوه درمان و پیگیری.
- نظارت بر عملکرد کارشناس بهداشت روان.
- انجام ویزیت‌های پیگیری و بررسی از نظر بهبود علایم هدف، سیر درمان و نیاز به تغییر درمان یا ارجاع بیمار.
- انجام ویزیت‌های پیگیری و بررسی از نظر وجود عوارض و درمان آن یا ارجاع بیمار.
- انجام ویزیت‌های پیگیری و بررسی از نظر وضعیت سلامت عمومی و نیاز به درمان‌های طبی.
- انجام ویزیت‌های پیگیری و بررسی از نظر پذیرش دارویی بیمار.
- ارجاع فوری یا غیر فوری بیماران به سطح تخصصی و دریافت پسخوراند.
- انجام ویزیت‌های پیگیری ماهانه پس از ارجاع بیمار به سطح تخصصی.

نکات خاص دوره سالمندی

- اختلالات اضطرابی در سالمندان غیر شایع نیست و اغلب با دیگر اختلالات روانپزشکی و بیماریهای طبی،همبودی (هم زمانی)دارد.

- شیوع کلیه اختلالات اضطرابی در سالمندان کمتر از بالغین است بجز اختلال اضطراب فراگیر و اختلالات فوبیک که به اندازه بالغین میباشد.

- مهمترین تشخیص افتراقی اختلالات اضطرابی در سالمندان، بیماریهای طبی است.

- تفاوت ویژه ای در راهکار درمانی اختلالات اضطرابی سالمندان با بالغین وجود ندارد.

- دوز شروع دارو در سالمندی ۱/۴ تا ۱/۲ دوز مورد نظر بالغین است.

- استفاده کمتر از بنزودیازپین ها در سالمندان یک اصل است. در صورتی که مجبور به استفاده از این دسته دارویی شویم، لازم است به نکات زیر توجه کنیم:

  • استفاده از داروهای با نیمه عمر پائین تر
  • دوره درمان کوتاه تر
  • دوزاژ پائین تر
  • قطع تدریجی تر

- بوسپیرون در بیماران مبتلا به اختلال اضطراب منتشر و موقعیت‌های خفیف اضطرابی و افسردگی می‌تواند مؤثر باشد.

- استفاده از داروهای ضد جنون در شروع اختلالات اضطرابی سالمندان جایگاهی ندارد.

پیشگیری

سبب شناسی اختلال اضطراب فراگیر، چند عاملی است و شامل عوامل روان شناختی، اجتماعی و بیولوژیک است. تفسیر داده‌های تجربی از طریق تغییرات موجود در اعمال تشخیصی و وقوع مکرر همبودی، بخصوص با افسردگی اساسی در هم پیچیده است (یانکرز و همکاران ۱۹۹۶). از طرف دیگر، اضطراب (یا دقیقتر، ترس)به آسانی در مطالعات تجربی حیوانی مدل می‌گردد و مدارهای مغزی مربوط به ترس هم در حیوانات و هم در انسان مشخص گردیده است (انجل و همکاران، ۲۰۰۹). یک فرمول نافذ ("تئوری سه گانه آسیب پذیری")، اختلال اضطراب فراگیر را ناشی از سه نوع متمایز آسیب پذیری می‌داند:یک آسیب پذیری تعمیم یافته بیو لوژیک، یک آسیب پذیری روانی تعمیم یافته و یک آسیب پذیری روانی خاص (بارلو، ۲۰۰۰ و بیتران و همکاران، ۲۰۰۹). اختلالات اضطرابی در میان افراد خانواده شکل می‌گیرد. مثلا یک مطالعه خانوادگی نشان داد که خطر اختلال اضطراب فراگیر در بستگان درجه اول فرد، ۵ برابر بیشتر از گروه کنترل بود (نویز و همکاران، ۱۹۸۷). گرچه ژن‌های ویژه آسیب پذیر نمودن انسان نسبت به اختلال اضطراب

فراگیر هنوز شناسایی نشده است. براستی این ژن‌های در گیر در انتقال اختلال اضطراب فراگیر به نظر می‌رسد که آسیب پذیری نسبت به دیگر اختلالات اضطرابی مثل پانیک و آگورا فوبیا همچنین افسردگی اساسی را افزایش می‌دهند (کندلر،۱۹۹۶و هتما و همکاران، ۲۰۰۱و ۲۰۰۵). و نیز همپوشانی ژنتیک بین اختلال اضطراب فراگیر و صفات neuroticism temperamental وجود دارد که به خودی خود یک عامل مستعد کننده برای اختلال اضطراب فراگیر می‌باشد (هتما و همکاران،۲۰۰۴). به طور کلی این یافته ها نشان می‌دهد که عوامل ژنتیک نقش معنی دار گرچه متوسطی را در اتیولوژی اختلال اضطراب فراگیر بازی می‌کنند، که این عوامل مردم را به طیف وسیعی از اختلالات اضطرابی و افسردگی نسبت به اختلال اضطراب فراگیر به طور خاص مستعد می‌کنند، و اینکه عوامل محیطی، در تعیین طبیعت اختلال هیجانی تجربه شده توسط فرد خاص با اهمیت است.

چندین فاکتور محیطی برای ابتلای افراد به اختلال اضطراب فراگیر شناخته شده است. این عوامل می‌توانند از راه دور یا به صورت محرک‌های همزمان در این اختلال وارد عمل شوند. مثلا تجارب خوب والدینی در ایجاد یک پایگاه امن برای کودکان مهم هستند که از آن میان،کشف جهان، و مشکلات دلبستگی کودک -والد به احساس کاهش کنترل شخصی در مورد رویدادهای بالقوه تهدید آمیزمربوط می‌شوند.(بارلو، ۲۰۰۰).چنین احساساتی می‌تواند به خطر تجربه اختلالات اضطرابی کمک کند. مطالعات حاکی از این است که بزرگسالان مبتلا به اختلال اضطراب فراگیر، تجربه سبک‌های والدینی به شکل حمایت بیش از حد و فقدان گرمای عاطفی را گزارش می‌کنند (سیلاو و همکاران، ۱۹۹۱). یافته‌های مشابهی در دیگر اختلالات اضطرابی و افسردگی گزارش شده است (پارکر و همکاران،۱۹۹۵) که نشان می‌دهند که یک سبک فرزند پروری خاص می‌تواند به عنوان یک عامل آسیب پذیری روانی برای طیفی از اختلالات هیجانی متعاقب عمل کند.

نظرات مشابه، انواع دیگری از مشکلات کودکی را غفلت،سوء استفاده، افسردگی مادر و از هم پاشیدگی در خانواده مورد نظر قرار داده اند، که خطر تجربه اختلال اضطراب فراگیر در بزرگسالی و همچنین دیگر اختلالات اضطرابی و افسردگی را افزایش می‌دهد (براون و هاریس، ۱۹۹۳و هالیگان و همکاران، ۲۰۰۷ و ساغرن و همکاران، ۲۰۰۲). وقایع استرس زای زندگی دیگری نیز اخیرا در شروع اختلالات هیجانی شامل اختلال اضطراب فراگیر دخیل شناخته شده اند (رومر و همکاران،۱۹۹۶). مطالعه‌ای توسط کندلر و کالگز (۲۰۰۳) نشان داد که رویدادهای پر استرس زندگی از طریق از دست دادن افزایش خطر ابتلا به هر دو افسردگی و اضطراب شناخته می‌شوند، با این حال رویدادهای زندگی از طریق "خطر" در مواردی که بعدها اختلال اضطراب فراگیر را ایجاد می‌کنند بیشتر معمول هستند. سبک‌های مقابله با استرس و شناختی نیز افراد را در ابتلای به اختلال اضطراب فراگیر مستعد می‌نمایند. گرچه تشخیص استعداد از شناخت‌های غیر طبیعی که به خودی خود در این بیماری دیده می‌شود آسان نیست. همانطور که ذکر شد، باور بر این است که افرادی که فاقد حس

کنترل رویدادها و کارآمدی شخصی شاید از طریق تجربیات اولیه زندگی هستند، بیشتر در معرض اختلالات اضطرابی هستند(بارلو، ۲۰۰۰). چنین افرادی ممکن است همچنین اصول شناختی صفت-مانند را به شکل افزایش توجه به محرک بالقوه تهدید کننده،برآورد بیش از حد از صفات محیطی و حافظه افزایش یافته در مورد موضوعات تهدید کننده نشان دهند.

این موضوع به عنوان "سبک شناختی looming " شناخته شده است. که به نظر می‌رسد عامل آسیب پذیری روانی عمومی برای تعدادی از اختلالات اضطرابی باشد (ریردان و ناتان، ۲۰۰۷). فرمولاسیون شناختی اخیر بر خود فرایند نگرانی متمرکز شده است که در تشخیص اختلال اضطراب فراگیر اهمیت مرکزی درد. مطالعات پیشنهاد می‌کنند که افراد در معرض خطر اختلال اضطراب فراگیر از نگرانی به عنوان یک تکنیک مقابله‌ای مثبت در رویارویی با تهدیدات بالقوه استفاده می‌کنند تا زمانی فرد به نگرانی ادامه می‌دهد که احساس کند مطمئن است که تمام خطرات ممکن و راه‌های شناخته شده مقابله با آن را می‌شناسد. با این حال، این می‌تواند منجر به "نگرانی در مورد نگرانی" شود، زمانی که مثلا افراد به این باور برسند که نگرانی به این شیوه نیز، در حالیکه برای آنها لازم است، غیر قابل کنترل و مضر است. این "باور فراشناختی"ممکن است یک مرحله انتقالی بین نگرانی شدید ولی نرمال، و اختلال اضطراب فراگیر را تشکیل دهد(ولز، ۲۰۰۵).

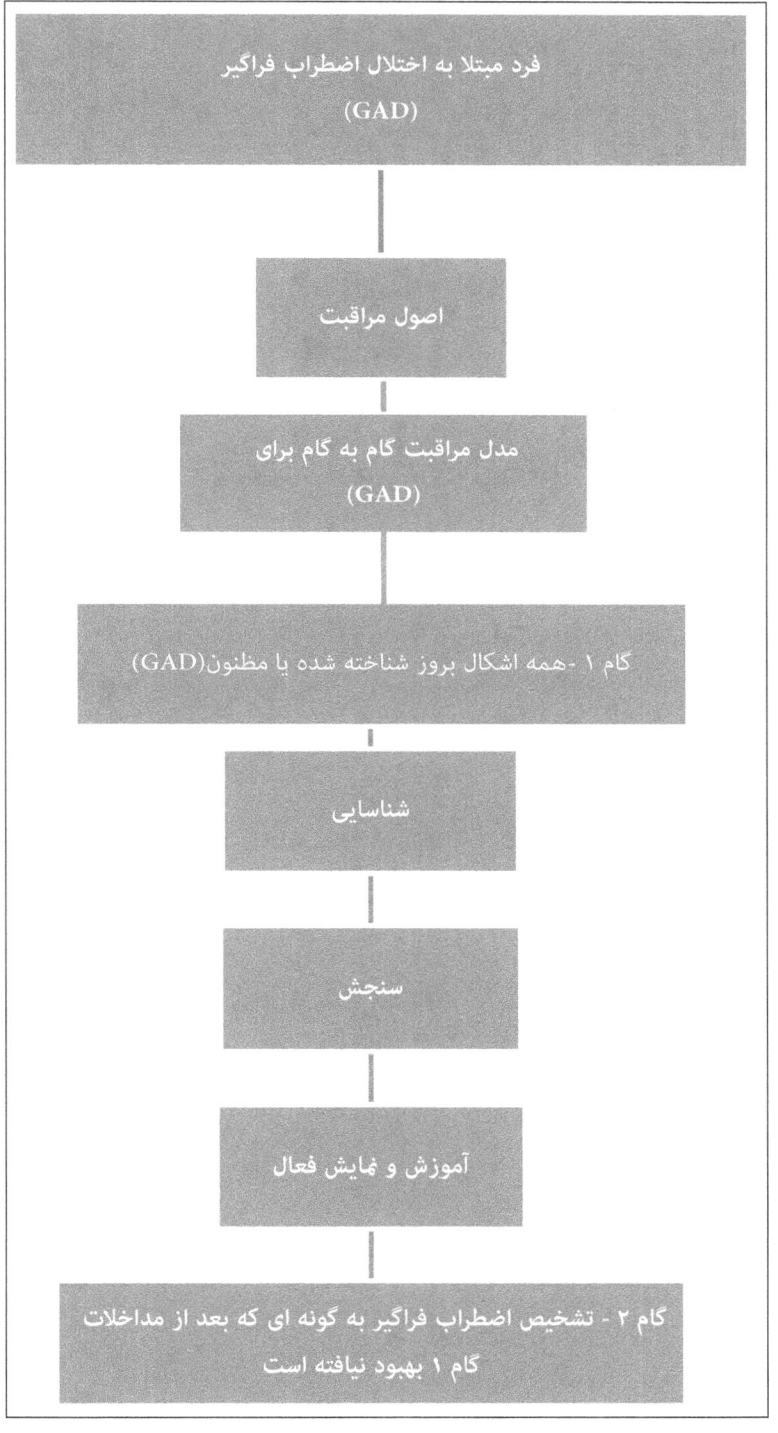

فرد مبتلا به اختلال اضطراب فراگیر
(GAD)

اصول مراقبت

مدل مراقبت گام به گام برای
(GAD)

گام ۱ -همه اشکال بروز شناخته شده یا مظنون(GAD)

شناسایی

سنجش

آموزش و نمایش فعال

گام ۲ - تشخیص اضطراب فراگیر به گونه ای که بعد از مداخلات گام ۱ بهبود نیافته است

گام ۲ - تشخیص اضطراب فراگیر به گونه ای که بعد از مداخلات گام ۱ بهبود نیافته باشد

مداخلات روانشناختی با شدت کم برای اضطراب فراگیر

گروه های روانشناختی

خودیاری هدایت شده فردی

خودیاری تسهیل نشده فردی

گام ۳ - اضطراب فراگیر همراه با اختلال عملکرد مشخص یا بدون بهبود پس از مداخلات گام ۲

گزینه‌های درمانی

مداخلات روانشناختی با شدت بالا

درمان دارویی

مدیریت پاسخ مناسب به مداخلات گام ۳

گام ۴ - اضطراب فراگیر پیچیده و مقاوم به درمان و با اختلال عملکردی مشخص یا خطر بالای خود آسیبی

بخش دوم: اختلال هراس

حمله هراس

حمله هراس دوره ای از ترس یا ناراحتی شدید است که ابتدا و انتهای مشخصی دارد و درعرض ۱۰ دقیقه به حداکثر شدت خود می‌رسد. حداقل با ۴ علامت افزایش ضربان قلب، تعریق، لرزش، احساس کوتاه شدن تنفس، احساس خفقان، ناراحتی یا درد قفسه سینه، تهوع همراه است.

نخستین حمله هراس اغلب کاملاً خود به خود است. اما گاهی نیز حمله‌های هراس در پی برآشفتگی، فعالیت بدنی، یا جنسی، یا آسیب هیجانی متوسطی ممکن است روی دهند. حمله هراس اغلب وقتی شروع می‌شود، علایمش در عرض ۱۰ دقیقه به سرعت تشدید می‌شود.علایم روانی عمده اش عبارتند از ترس مفرط و احساس قریب الوقوع بودن مرگ و نابودی. بیمار اغلب نمی‌تواند علت ترس خود را بیان کند، ممکن است دچار اغتشاش شعور شود و در تمرکز اشکال پیدا کند. نشانه‌های جسمی حمله هراس اغلب عبارت است از افزایش ضربان قلب، احساس تپش قلب، تنگی نفس، و تعریق.

بیمار اغلب می‌کوشد در هر جایی هست، آنجا را ترک کند تا از کسی کمک بگیرد. حمله عموماً ۳۰-۲۰ دقیقه و ندرتاً بیش از ۱ ساعت طول می‌کشد. اگر در حین حمله هراس، وضعیت روانی بیمار به طور معمول معاینه شود، نشخوار ذهنی، اشکال در صحبت کردن، و مختل شدن حافظه دیده میشود.علایم هراس ممکن است به سرعت یا به تدریج برطرف شود.بیمار در فاصله حملات ممکن است از اینکه دچار حمله دیگری شود دچار اضطراب انتظار شود. افتراق میان اضطراب انتظار و اختلال اضطرابی فراگیر ممکن است دشوار باشد.ولی بیماران دچار اختلال هراس که اضطراب انتظار پیدا می‌کنند، می‌توانند علت اضطراب خود را بیان کنند.

نگرانی جسمی از مرگ به دلیل مشکل قلبی یا تنفسی ممکن است کانون اصلی توجه بیمار در حین حمله هراس باشد. بیمار ممکن است معتقد باشد تپش قلب و درد قفسه سینه نشاندهنده آن است که دارد می‌میرد. بسیاری از این بیماران یعنی حدود ۲۰ درصد، واقعا در حین حمله هراس دچار حمله‌های سنکوپ می‌شوند. اینها افراد حوان ۲۰-۳۰ ساله ای هستند که به بخش فوریت‌ها مراجعه می‌کنند و با اینکه از نظر جسمی سالم هستند، اصرار می‌کنند که دچار حمله قلبی شده‌اند و دارند می‌میرند. پزشک بخش فوریت‌ها بهتر است به تشخیص هراس فکر کند. نفس نفس زنی می‌تواند آلکالوز تنفسی و سایر علایم را ایجاد کند. درمان قدیمی نفس کشیدن در داخل کیسه کاغذی گاه مفید است، چون شدت آلکالوز را کم می‌کند.

اصول مراقبت از افراد مبتلا به هراس

مدیریت کلی اختلال هراس

افراد مبتلا به اختلال هراس و خانواده و مراقبین آنها نیاز به اطلاعات جامع دارند که به زبان روشنو قابل فهم در مورد ماهیت شرایط و گزینه‌های درمانی موجود به آنها ارائه شود .چنین اطلاعاتی برای تصمیم گیری‌های مشترک بین افراد مبتلا به اختلال هراس و متخصصان مراقبت‌های بهداشتی ضروری است .به ویژه هنگامی که انتخاب بین درمانهای مختلف به میزان زیادی معادل هم می‌باشد. علاوه بر این با توجه به هزینه‌های عاطفی،اجتماعی و اقتصادی اختلال هراس ،افراد مبتلا به این اختلال و مراقبین آنها ممکن است نیاز به کمک حمایت گروه‌های خود یاری داشته باشند .گروههای حمایتی همچنین می‌توانند تفاهم و همکاری بین افراد مبتلا به اختلال هراس ،خانواده و مراقبین و متخصصان مراقبت‌های بهداشتی را در تمام سطوح مراقبت اولیه، ثانویه ترویج دهند.

- تصمیم گیری‌های مشترک و ارائه اطلاعات
- تصمیم گیری مشترک تخصصی باید در طی فرآیند تشخیص و در تمام فازهای مراقبت انجام شود.
- افراد مبتلا به هراس و در زمان مناسب، خانواده ها و مراقبین باید از اطلاعات مربوط به ماهیت و درمان اختلال هراس، مطلع شوند، از جمله اطلاعاتی در مورد کاربرد و عوارض جانبی احتمالی داروهای ارائه شده.
- برای تحلیل تصمیم گیری مشترک، اطلاعات مبتنی بر شواهد در مورد درمان می‌بایست در دسترس بوده و بحث در مورد گزینه‌های ممکن انجام شود.
- اولویت افراد و تجربه و پیامد درمان‌های قبلی می‌بایست در تعیین گزینه درمانی مورد نظر قرار گیرد.
- نگرانی‌های رایج در مورد مصرف دارو، مثل ترس از اعتیاد باید توضیح داده شود.
- علاوه بر فراهم نمودن اطلاعات کیفی، افراد مبتلا به اختلال هراس و خانواده‌ها و مراقبین آنها می‌بایست از گروههای خودیاری و گروههای حمایتی مطلع شده و به شرکت در چنین برنامه‌هایی تشویق شوند.

مراقبت گام به گام برای افراد مبتلا به هراس

گام۱- شناخت و تشخیص

گام ۲-درمان در مراقبت‌های اولیه

گام ۳-مرور و توجه به درمان‌های جایگزین

گام ۴- بررسی و ارجاع به متخصص خدمات بهداشت روان

گام ۵- مراقبت در خدمات تخصصی بهداشت روان

گام ۱- شناخت و تشخیص اختلال هراس

مهارت‌های مشاوره:

تمام متخصصان مراقبت‌های بهداشتی درگیر در تشخیص و مدیریت می‌بایست آشکارا استاندارد بالایی از مهارتهای مشاوره ای داشته باشند طوریکه یک رویکرد ساختار یافته در تشخیص و متعاقباً طرح مدیریت اختلال هراس را ارائه دهند.

تشخیص:

تشخیص دقیق اختلال هراس در مدیریت موثر این شرایط نقش مرکزی را دارد.

- حضور دیگر شرایط مثل وجود افسردگی می‌تواند در امر تشخیص گیج کننده باشد.
- روند تشخیص می‌بایست اطلاعات مربوطه ضروری مثل تاریخچه فردی، هر گونه خود درمانی، و ویژگی‌های منحصر به فرد فرهنگی و غیره را که می‌تواند در مراقبت‌های بعدی مهم باشد مورد نظر قرار دهد. برای استفاده در فرآیند تشخیص و به همین ترتیب، مهارت‌های مشاوره ای می‌بایست بر استخراج تمام اطلاعات ضروری تمرکز کند.

بیماری‌های همبود:

پزشک باید از وضعیت بالینی معمول بیماریهای همبود اطلاع داشته باشد، بخصوص از همراهی اختلال هراس با افسردگی و یا سوء استفاده از مواد مخدر. مشکل اصلی می‌بایست از طریق فرایند بحث و گفتگو با فرد شناسایی شود. در تعیین اولویت‌های بیماری‌های همبود، توالی مشکلات می‌بایست روشن شود. این را می‌توان با رسم یک جدول زمانی برای شناسایی زمانی که مشکلات مختلف روی داده است انجام داد. با درک زمان بروز علائم، درک بهتری از اولویت‌های نسبی بیماریهای همبود می‌تواند حاصل شود، و این،فرصت بهتری را برای شناخت مداخله موثر و متناسب با نیاز بیمار فراهم می‌آورد.

حوادث و اورژانس (A&E)در حملات هراس

- مهم است که به خاطر داشته باشید حمله هراس لزوماً شامل یک اختلال هراس نمی شود و درمان مناسب حمله هراس می‌تواند جلوی پیشرفت یک اختلال هراس را بگیرد.
- برای افراد مبتلا به درد قفسه سینه در خدمات A&D، به نظر می‌رسد که به احتمال بیشتری، علت درد، اختلال هراس باشد، در صورتیکه بیماری عروق کرونر وجود نداشته باشد و یا فرد مورد نظر، زن یا نسبتاً جوان باشد. دو متغیر دیگر، درد غیر معمول قفسه سینه و اضطراب در خود گزارش دهی نیز می‌تواند با اختلال هراس همراه باشد.
- در مواجهه با یک فرد در A&E و یا هر مجموعه دیگر دارای حمله هراس باید:

- از آن فرد بپرسید که آیا تاکنون تحت درمان اختلال هراس بوده است.
- آیا تحت حداقل بررسی لازم برای حذف مشکلات جسمی حاد بوده است.
- در مورد مسائل جسمی یا روانی بستری نشده باشد.
- به مراقبت اولیه ارجاع داده شده باشد، حتی اگر سنجش در A&E انجام شده باشد.
- اطلاعات مناسب در مورد حمله هراس و اینکه چرا آنها به مراقبت اولیه ارجاع داده می‌شوند را داشته باشید.

گام ۲ - پیشنهاد درمان در مراقبت‌های اولیه

- گزینه‌های درمانی پیشنهادی باید مبتنی بر شواهد باشند: درمان روانشناختی، دارویی و خود یاری موثر شناخته شده اند.
- انتخاب درمان، پیامد فرایند سنجش و تصمیم گیری مشترک است.

زمانی که مداخله موثر در دسترس نباشد (مثل CBT)، یا گزینه‌های درمانی توسط فرد انتخاب شده است، در چنین مواردی، مراقبت‌های بهداشتی حرفه ای، بعد از بحث و گفتگو با فرد در مورد پذیرش دیگر درمان‌های پیشنهادی لازم است مورد توجه قرار بگیرند. اگر گزینه درمانی ارجح، غیر قابل دسترسی باشد، باید مراقبت‌های بهداشتی حرفه‌ای قابل دسترس مورد نظر قرار گیرند.

موارد کلی

- بنزودیازپین ها، در دراز مدت،با کمترین نتیجه مورد نظر همراه هستند و نباید در درمان افراد مبتلا به اختلال هراس تجویز شوند.
- Sedatingآنتی هیستامین ها و داروهای آنتی سایکوتیک
- نمی بایست برای درمان اختلال هراس تجویز شوند.
- در مراقبت از افراد مبتلا به اختلال هراس، هر یک از انواع مداخلات زیر می‌بایست پیشنهاد شود و ترجیح فرد می‌بایست در نظر گرفته شود. مداخلاتی که در مورد اثر دراز مدت مبتنی بر شواهدند، به ترتیب زیر عبارتند از :
- درمان روانشناختی (توصیه‌های زیر را ببینید)
- درمان دارویی (داروهای ضد افسردگی) (توصیه‌های زیر را ببینید).
- خودیاری (توصیه‌های زیر را ببینید)
- گزینه درمانی انتخابی می‌بایست به سرعت در دسترس باشد.

مداخلات روانشناختی

- CBT باید مورد استفاده قرار گیرد.
- CBT باید تنها توسط افراد مناسب و آموزش دیده و تحت نظارت انجام شود به گونه ای که فرد بتواند شرح دهد که پروتکل درمانی را به طور تجربی انجام داده است.

- CBT در محدوده مطلوب به مدت (۱۴-۷ ساعت درکل) می‌بایست پیشنهاد شود.
- برای اغلب افراد،CBT باید به صورت جلسات هفتگی ۲-۱ ساعته و حداکثر طول ۴ ماه انجام شود.
- CBT فشرده باید با اطلاعات و تکالیف متمرکز و مناسب تکمیل شود.
- در جایی که CBTاستفاده می‌شود، باید حدود ۷ ساعت و به گونه طراحی شود که باآیتم‌های خودیاری ساختاریافته،هماهنگ گردد.
- برای افراد کمتری، CBTعمیق‌تر در دوره کوتاه تری از زمان می‌تواند مناسب باشد.

مداخلات دارویی - داروهای ضد افسردگی:

داروهای ضد افسردگی باید تنها مداخله دارویی مورد استفاده در درمان دراز مدت اختلال هراس باشد. دو طبقه از داروهای ضد افسردگی هست که شواهدی در مورد اثر بخشی دارند که عبارتست از SSRIs و ضد افسردگی سه حلقه ای (TCAS). موارد زیر باید هنگام تصمیم گیری برای تجویز دارو مورد نظر قرار گیرد:

- سن فرد
- پاسخ به درمان قبلی
- خطرات
- هنگام مصرف تصادفی بیش از حد دارو توسط بیماراین موضوع توسط اعضای خانواده مورد توجه فوری قرار گیرد.
- احتمال آسیب به خود به صورت عمدی، با مصرف بیش از اندازه دارو و غیره وجود دارد(بالاترین خطر در مورد TCAs).

قابلیت تحمل

- احتمال تعامل با داروهای همزمان
- اولویت فرد تحت درمان
- هزینه که در آن تاثیر به صورت یکسان نشان داده شده است

تمامی افرادی که تحت درمان داروهای ضد افسردگی هستند، باید هنگام شروع درمان، از عوارض جانبی بالقوه (از جلمه افزایش اضطراب در شروع درمان) و خطر ابتلا به علائم قطع / خروج ناگهانی در صورت توقف درمان مطلع شوند.همچنین در بعضی نمونه ها، اگر یک دوز از دست رفته و یا دوز دارو کاهش یافته است. افرادی که شروع به مصرف ضد افسردگی می‌کنند می‌بایست از نتیجه تاخیر در شروع اثر مطلع شوند و از نشانه‌های قطع/ یا خروج ناگهانی آگاهی یابند. اطلاعات کتبی مناسب با نیاز فرد باید در دسترس فرد باشد. مگر در مواردی که در غیر اینصورت نشان داده شده است، برای تجویز SSRI در اختلال هراس باید مجوز ارائه شده باشد.

مناسب نباشد یا بعد از ۱۲ هفته بهبودی حاصل نشود و اگر داروی دیگری مناسب باشد، ایمیSSRIاگر

پرامین یا کلومیپرامین ممکن است در نظر گرفته شود.

هنگام تجویز یک داروی ضد افسردگی، مراقبت‌های بهداشتی، تخصصی، باید موارد زیر را در نظر بگیرند:

- عوارض جانبی دارو در شروع مصرف داروهای ضد افسردگی ممکن است به این ترتیب به حداقل برسد: شروع با یک دوز پائین و افزایش تدریجی و آرام دوز، تا زمانیکه پاسخ رضایت بخش به درمان انجام شود.
- در برخی موارد، دوزهای در محدوده فوقانی ممکن است ضروری باشند و در صورت لزوم پیشنهاد شوند.
- درمان طولانی مدت برای بعضی از افراد لازم است در صورت لزوم می‌بایست ارائه شود.
- اگر فرد در درمان با یک داروی ضد افسردگی بهبود نشان دهد، درمان دارویی باید حداقل برای ۶ ماه بعد از دوز مطلوب ادامه پیدا کند و بعد از آن،دوز دارو شکل مخروطی بیابد.
- در صورتی که بعد از دوره ۱۲ هفته ای بهبودی حاصل نشود یک داروی ضد افسردگی از طبقه جایگزین (اگر داروی دیگری مناسب است) یا درمانی دیگر (توصیه‌های بالا را در قسمت عمومی ببینید) باید ارائه شود.
- به افراد توصیه می‌شود که داروی تجویز شده خود را مصرف نمایند. این ممکن است بخصوص با درمان نیمه عمر کوتاه به منظور اجتناب از نشانه‌های قطع/خروج از دارو باشد.
- توقف داروهای ضد افسردگی به طور ناگهانی می‌تواند باعث بروز علائم قطع/ خروج شود.برای به حداقل رساندن خطر نشانه‌های قطع/ خروج هنگام قطع داروهای ضد افسردگی، دوز دارو باید در طی یک دوره زمان طولانی بتدریج کاهش یابد.
- افرادی که داروهای صد افسردگی مصرف می‌کنندباید مطلع شوند که اگرچه این داروها با تحمل و cravingهمراه نیست، با توقف یا به طور ناگهانی کم کردن دوز دارو، علائم قطع/ خروج ممکن است رخ دهد.
- متخصصان مراقبت بهداشتی، می‌بایست به اطلاع افراد برسانند که بیشترین نشانه‌های مشترک قطع/ خروج دارو عبارتند از سرگیجه، بی حسی و سوزن سوزن شدن،اختلالات گوارشی (به ویژه تهوع و استفراغ)، سردرد، تعریق، اضطراب و اختلالات خواب
- متخصصان مراقبت بهداشتی، می‌بایست به اطلاع افراد برسانند که در صورت تجربه علائم قطع/ خروج به طور مشخص با پزشک خود مشورت نمایند.
- اگر علائم قطع/ خروج خفیف هستند، پزشک می‌بایست از فرد و علائم وی مجددا اطمینان حاصل کند.اگر نشانه‌های شدید بعد از قطع یک داروی ضد افسردگی تجربه شوند، پزشک باید آن راreintrodusing کند (یا داروی دیگری از همان طبقه با نیمه عمر طولانی تر تجویز نماید) و به تدریج و در حالی که بر علائم نظارت می‌کند دوز دارو راکاهش دهد.

خودیاری:

- کتاب هایی بر اساساصول CBT پیشنهاد شود.

- اطلاعاتی در مورد گروه‌های حمایتی، مکانی که آنها در دسترس هستند ارائه شود.(گروه‌های حمایتی ممکن است جلسات حضوری داشته باشند،یا اطلاعاتی بیشتر در مورد تمام جنبه‌های اختلالات اضطرابی علاوه بر منابع کمکی می‌تواند ارائه شود.)
- مزایای ورزش به عنوان بخش مهمی از سلامت عمومی می‌بایست برای تمام کسانی که اختلال هراس دارندشرح داده شود.

گام ۳- نقد و بررسی و ارائه روش‌های درمانی جایگزین در صورت لزوم

- اگر پس از یک دوره درمانی، پزشک و فرد مبتلا اختلال هراس موافق با شندکه بهبودی در این نوع مداخله وجودنداشته است، فرد باید مجدداً مورد سنجش قرار گرفته و یکی دیگر از انواع مداخلات را دریافت کند.

گام۴- مرور و پیشنهاد ارجاع از مراقبت اولیه در صورت لزوم

- دراغلب موارد، اگر دو مداخله وجود داشته باشد (هر گونه ترکیبی از مداخله روانشناختی، دارویی یا کتاب) و فرد هنوز علائم مشخصی را نشان می‌دهد، باید به سرویسهای خدمات سلامت ذهنی تخصصی **ارجاع** شود.

گام ۵- مراقبت در سرویس‌های خدمات بهداشت روان تخصصی

- متخصص بهداشت روان باید سنجش کامل وبررسی جامعی از فرد و محیط زیست و شرایط اجتماعی فرد به عمل آورد. این سنجش باید شامل موارد زیر باشد:
- درمان‌های قبلی: از جمله اثر بخشی
- هر گونه سوء مصرف مواد مخدر از جمله نیکوتین، الکل، کافئین و داروهای تفریحی
- بیماری‌های همبود(همزمان)
- عملکرد روزمره
- شبکه‌های اجتماعی
- تداوم عوامل استرس زا
- نقش علائم اجتماع هراسی و دیگر علائم اجتنابی
- ارزیابی ریسک جامع باید صورت گیرد و طرح مناسب مدیریت بیماری اتخاذ گردد.
- برای انجام این ارزیابی‌ها، و برنامه ریزی و به اشتراک گذاشتن یک فرمول کامل، شاید بیش از یک جلسه لازم باشد.
- مراقبت و مدیریت باید براساس شرایط فردی و تصمیمات مشترک باشد.

گزینه‌های مثل:

- درمان شرایط همبودی (همزمانی)
- CBT با یک درمانگر با تجربه در صورتی که تا کنون انجام نشده باشد، شامل CBT در خانه در صورتی که در کلینیک مشکل باشد.
- حل مسئله ساختار یافته
- بررسی کامل دارو درمانی
- پشتیبانی روزمره
- ارجاع به مشاوره، ارزیابی و مدیریت در مراکز تخصصی

باید ارتباط دقیق و موثر بین تمامی متخصصین مراقبت‌های بهداشتی و درگیر در مراقبت افراد مبتلا به اختلال هراس وجود داشته باشد، بخصوص بین پزشکان مراقبت‌های اولیه (پزشک عمومی و تیم) و پزشکان مراقبت ثانویه (تیم‌های بهداشت روان) در صورتی که شرایط سلامت جسمانی به شکلی باشد که نیاز به مدیریت فعال داشته باشد.

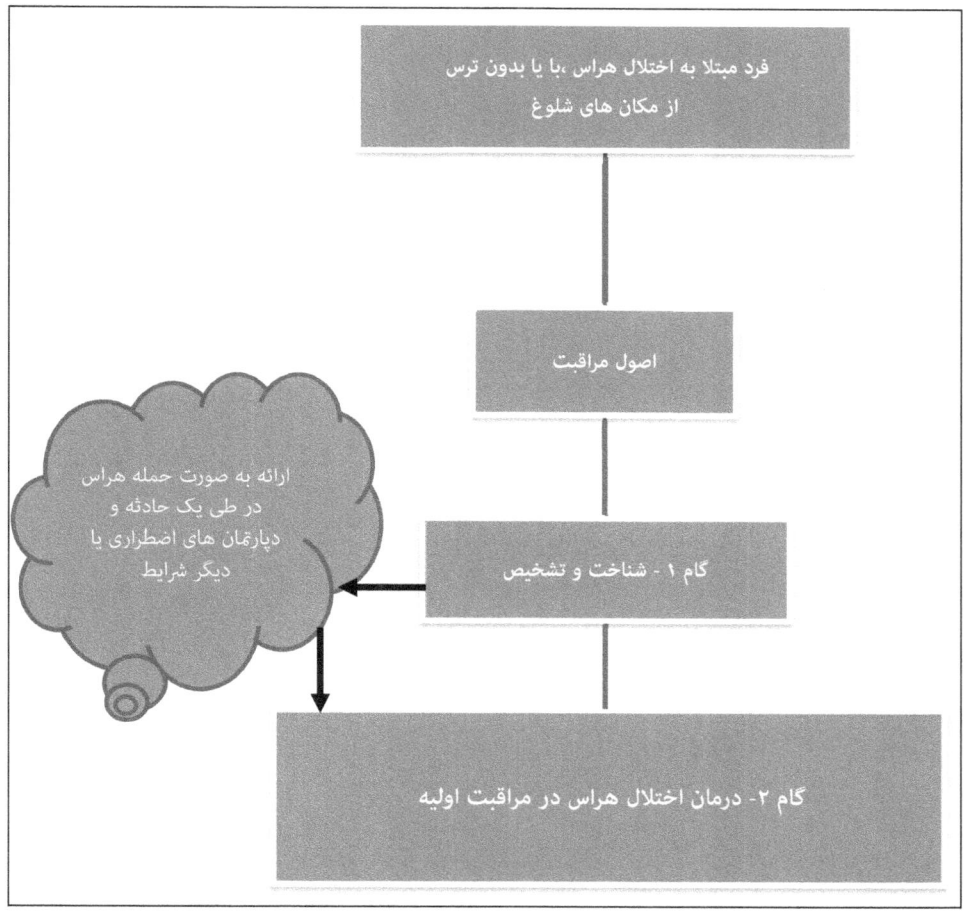

الگوریتم اختلال هراس

فرد مبتلا به اختلال هراس ،با یا بدون ترس
از مکان های شلوغ
اصول مراقبت
گام ۱ - شناخت و تشخیص
ارائه به صورت حمله هراس
در طی یک حادثه و
دپارتمان های اضطراری یا
دیگر شرایط
گام ۲- درمان اختلال هراس در مراقبت اولیه

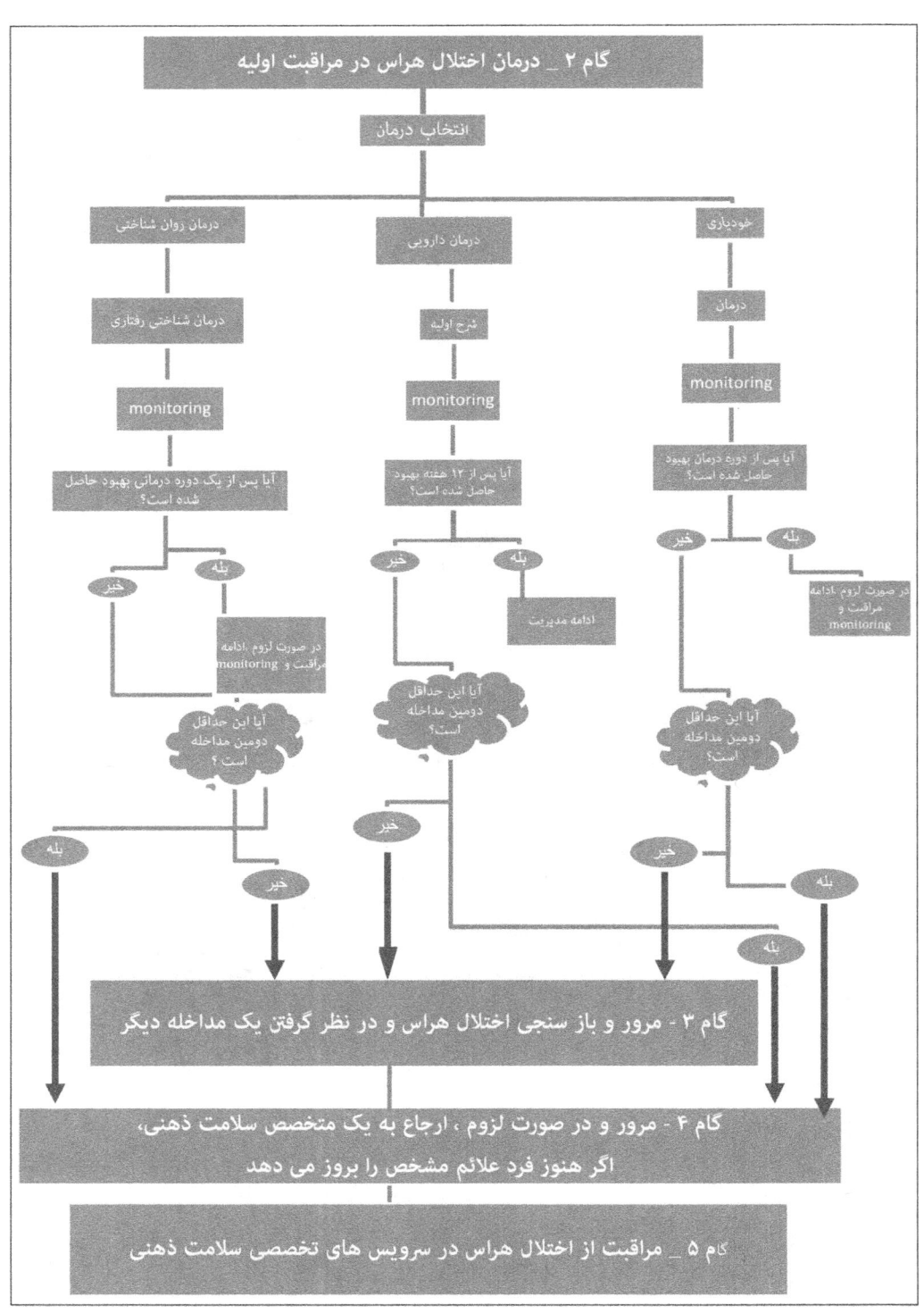

گام ۲ _ درمان اختلال هراس در مراقبت اولیه

انتخاب درمان

درمان روان شناختی | درمان دارویی | خودیاری

درمان شناختی رفتاری | شرح اولیه | درمان

monitoring | monitoring | monitoring

آیا پس از یک دوره درمانی بهبود حاصل شده است؟ | آیا پس از ۱۲ هفته بهبود حاصل شده است؟ | آیا پس از دوره درمان بهبود حاصل شده است؟

خیر بله | خیر بله | خیر بله

در صورت لزوم ادامه مراقبت و monitoring | ادامه مدیریت | در صورت لزوم ادامه مراقبت و monitoring

آیا این حداقل دومین مداخله است؟ | آیا این حداقل دومین مداخله است؟ | آیا این حداقل دومین مداخله است؟

بله | خیر | خیر | بله

خیر

بله

گام ۳ - مرور و باز سنجی اختلال هراس و در نظر گرفتن یک مداخله دیگر

گام ۴ - مرور و در صورت لزوم ، ارجاع به یک متخصص سلامت ذهنی،
اگر هنوز فرد علائم مشخص را بروز می دهد

گام ۵ _ مراقبت از اختلال هراس در سرویس های تخصصی سلامت ذهنی

شاخص‌های ممیزی استفاده از راهنمای بالینی(اختلال اضطراب فراگیر):

- بیماران علائم اختلال GADرا داشته باشند.
- علائم اختلالات افسردگی، جسمی سازی، اختلال تبدیلی و اختلال تجزیه ای، اسکیزوفرنی، اختلال خلقی و دو قطبی نداشته باشند.
- در پرسشنامه‌های زیر حداقل معیارهای تشخیصی را دارا باشند.
  - اضطراب بک (Beck)
  - هامیلتون
  - یادداشت روزانه حمله هراس
  - پرسشنامه اضطراب حالت
- علائم بیماریهای کم کاری، پرکاری تیروئید نداشته باشند.
- بیماریهای دستگاه گوارشی، دستگاه تنفسی و بیماریهای روماتیسمی نداشته باشند.
- سوء استفاده مصرف مواد و اعتیاد بررسی شود و رد گردد.
- سوء استفاده از داروها و مسمومیت داروییوجود نداشته باشد.

منابع:

1. Arroll, B. & Kendrick, T. (2009) Anxiety. In Primary Care Mental Health (eds L. Gask, H. Lester, T. Kendrick & R. Peveler), pp. 147–149. Glasgow: Bell and Bain Ltd.

2. Baldwin, D. S., Anderson, I. M., Nutt, D. J., et al. (2005) Evidence-based guidelines for the pharmacological treatment of anxiety disorders: recommendations from the British Association for Psychopharmacology. Journal of Psychopharmacolgy, 19, 567–596.

3. Barlow, D. H. (2000) Unravelling the mysteries of anxiety and its disorders from the perspective of emotion theory. American Psychologist, 55, 1247–1263.

4. Beck, A. T. & Emery, G., Greenberg, R. L. (1985) Anxiety Disorders and Phobias: A Cognitive Perspective. New York: Basic Books

5. Bitran, S., Barlow, D. H. & Spiegel, D. A. (2009) Generalized anxiety disorder. In New Oxford Textbook of Psychiatry (eds M. G. Gelder, M. G. Andreasen,

6. J. J. Lopez-Ibor& J. R. Geddes), pp. 729–739. New York: Oxford University Press.

7. Blazer, D. G., Hughes, D., George, L. K., et al. (1991) Generalized anxiety disorder. In Psychiatric Disorders in America: The Epidemiologic Catchment Area Study (eds L. N. Robins & D. A. Regier). New York: The Free Press.

8. Bower, P. & Gilbody, S. (2005) Stepped care in psychological therapies: access, effectiveness and efficiency: narrative literature review. The British Journal of Psychiatry, 186, 11–17.

9. Borkovec, T. D. & Costello, E. (1993) Efficacy of applied relaxation and cognitivebehavioraltherapy in the treatment of generalized anxiety disorder. Journal of Consulting and Clinical Psychology, 61, 611–619.

10. Borkovec, T. D. & Roemer, L. (1995) Perceived function of worry among generalized anxiety disorder subjects: distraction from more emotionally distressing topics? Journal of Behavior Therapy and Experimental Psychiatry,

26, 25–30.

11. Borkovec, T. D., Newman, M. G., Pincus, A. L., et al. (2002) A component analysis of cognitive-behavioral therapy for generalized anxiety disorder and the role of interpersonal problems. Journal of Consulting and Clinical Psychology, 70, 288–298.

12. British Medical Association & the Royal Pharmaceutical Society of Great Britain (2009) British National Formulary (BNF) 57. London: Pharmaceutical Press.

13. Brown, G. W. & Harris, T. O. (1993) Aetiology of anxiety and depressive disorders in an inner-city population: 1-Early adversity. Psychological Medicine, 23, 143–154.

14. Culpepper, L. (2009) Generalized anxiety disorder and medical illness. Journal of Clinical Psychiatry, 70 (Suppl 2), 20–24.

15. Carter, R. M., Wittchen, H.-U., Pfister, H., et al. (2001) One-year prevalence of subthreshold and threshold DSM-IV generalized anxiety disorder in a nationally representative sample. Depression and Anxiety, 13, 78–88.

16. Dugas, M. J. &Robichaud, M. (2007) Description of generalized anxiety disorder. In Cognitive-Behavioral Treatment for Generalized Anxiety Disorder: From Science to Practice (eds M. J Dugas& M. Robichaud), pp. 1–21. New York: Routledge.

17. Dugas, M. J., Savard, P., Gaudet, A., et al. (2007) Can the components of a cognitive model predict the severity of generalized anxiety disorder? Behavior Therapy, 38, 169–178.

18. Engel, K., Bandelow, B., Gruber, O., et al. (2009) Neuroimaging in anxiety disorders. Journal of Neural Transmission, 116, 703–716.

19. ESEMeD/MHEDEA 2000 Investigators (2004) 12-month comorbidity patterns and associated factors in Europe: results from the European study of the epidemiology of mental disorders (ESEMeD) project. ActaPsychiatricaScandinavica, 109 (Suppl. 420), 28–37.

20. Grant, B. F., Hasin, D. S., Stinson, F. S., et al.

(2005) Prevalence, correlates, comorbidity, and comparative disability of DSM-IV generalized anxiety disorder in the USA: results from the National Epidemiologic Survey on Alcohol and Related Conditions. Psychological Medicine, 35, 1747–1759.

21. Gelder, M., Harrison, P. & Cowen, P. (2006) Shorter Oxford Textbook of Psychiatry. London: Oxford University Press.

22. Hales R. E., Hilty, D. A. & Wise, M. G. (1997) A treatment algorithm for the management of anxiety in primary care practice. Journal of Clinical Psychiatry, 59 (Suppl. 3), 76–80.

23. Halligan, S. L., Murray, L., Martins, C., et al. (2007) Maternal depression and psychiatric outcomes in adolescent offspring: a 13-year longitudinal study. Journal of Affective Disorders, 97, 145–154.

24. Hanus, M., Lafon, J. & Mathieu, M. (2004) Double-blind, randomised, placebocontrolled study to evaluate the efficacy and safety of a fixed combination containing two plant extracts (Crataegusoxyacantha and Eschscholtzia californica) and magnesium in mild-to-moderate anxiety disorders. Current Medical Research and Opinion, 20, 63–71.

25. Hettema, J. M., Neale, M. C. & Kendler, K. S. (2001) A review and meta-analysis of the genetic epidemiology of anxiety disorders. American Journal of Psychiatry, 158, 1568–1578.

26. Hettema, J. M., Prescott, C. A. & Kendler, K. S. (2004) Genetic and environmental sources of covariation between generalized anxiety disorder and neuroticism American Journal of Psychiatry, 161, 1581–1587.

27. Hettema, J. M., Prescott, C. A., Myers, J. M., et al. (2005) The structure of genetic and environmental risk factors for anxiety disorders in men and women. Archives of General Psychiatry, 62, 182–189.

28. Hunt, C., Issakidis, C. & Andrews, G. (2002) DSM-IV Generalized anxiety disorder in the Australian National Survey of Mental Health and Well-Being. Psychological Medicine, 32, 649–659.

29. Kendler, K. S. (1996) Major depression and generalised anxiety disorder. Same genes, (partly) different environments – revisited. British Journal of Psychiatry, 30, 68–75

30. Kendler, K. S., Hettema, J. M., Butera, F., et al. (2003) Life event dimensions of loss, humiliation, entrapment and danger in the prediction of onsets of major depression and generalized anxiety. Archives of General Psychiatry, 60, 789–796.

31. Kessler, R. C. & Wang, P. S. (2008) The descriptive epidemiology of commonly occurring mental disorders in the United States. Annual Review of Public Health, 29, 115–129.

32. Kessler, R. C., Brandenburg, N., Lane, M., et al. (2005a) Rethinking the duration requirement for generalized anxiety disorder: evidence from the National Comorbidity Survey Replication. Psychological Medicine, 35, 1073–1078.

33. Kessler, R. C., Chiu, W. T., Demler, O., et al. (2005b) Prevalence, severity, and comorbidity of 12-month DSM-IV disorders in the National Comorbidity Survey Replication. Archives of General Psychiatry, 62, 617–627.

34. Kessler, R. C., Berglund, P., Demler, O., et al. (2005c) Lifetime prevalence and ageof- onset distributions of DSM-IV disorders in the national comorbidity survey replication. Archives of General Psychiatry, 62, 593–602.

35. Lovell, K. & Richards, D. (2000) Multiple Access Points and Levels of Entry (MAPLE): ensuring choice, accessibility and equity for CBT services. Behavioural and Cognitive Psychotherapy, 28, 379–391.

36. Lovell, K. & Bee, P. (2008) Implementing the NICE OCD/BDD guidelines. Psychology and Psychotherapy: Research and Practice, 81, 365–376. MHRA (2004) Report of the CSM Expert Working Group on the Safety of Selective Serotonin Reuptake Inhibitor Antidepressants. Available at: http://www.MHRA.gov.uk/home/groups/pl-p/documents/drugsafetymessage/con019472.pdf

37. Noyes, J., Clarkson, C., Crowe, R. R., et al. (1987) A family study of generalized anxiety disorder. American Journal of Psychiatry, 144, 1019–1024.

38. Orsillo, S. M., Roemer, L. & Barlow, D. H. (2003) Integrating acceptance and mindfulness into existing cognitive-behavioral treatment for GAD: a case study. Cognitive and Behavioral Practice, 10, 222–230.

39. Parker, G., Hadzi-Pavlovic, D., Greenwald, S., et al. (1995) Low parental care as a risk factor to lifetime depression in a community sample. Journal of Affective Disorders, 33, 173–180.

40. Pies, R. (2009) Should psychiatrists use atypical antipsychotics to treat nonpsychotic anxiety. Psychiatry, 6, 29–37.

41. Reardon, J. M. & Nathan, N. L. (2007) The specificity of cognitive vulnerabilities to emotional disorders: anxiety sensitivity, looming vulnerability and explanatory style. Journal of Anxiety Disorders, 21, 625–643.

42. Rickels, K. &Rynn, M. A. (2001) What is generalized anxiety disorder? Journal of Clinical Psychiatry, 62 (Suppl. 11), 4–12.

43. Roemer, L., Molina, S., Litz, B. T., et al. (1996) Preliminary investigation of the role of previous exposure to potentially traumatizing events in generalized anxiety disorder. Depression and Anxiety, 4, 134–138.

44. Roy-Byrne, P. P., Davidson, K. W., Kessler, R. C., et al. (2008) Anxiety disorders and comorbid medical illness. General Hospital Psychiatry, 30, 208–225. Royal College of Psychiatrists (2005) Benzodiazepines: Risks, Benefits, or Dependence. A Re-evaluation.Council report CR59. London: Royal College of Psychiatrists.

45. Sareen, J., Jacobi, F., Cox, B. J., et al. (2006) Disability and poor quality of life associated with comorbid anxiety disorders and physical conditions. Archives of Internal Medicine, 166, 2109–2116

46. Safren, S. A., Gershuny, B. S., Marzol, P., et al. (2002) History of childhood abuse in panic disorder, social phobia and generalized anxiety disorder. Journal of Nervous and Mental Disease, 190, 453–456.

47. Scogin, F., Hanson, A. & Welsh, D. (2003) Self-administered treatment in steppedcare models of depression treatment. Journal of Clinical Psychology, 59, 341–349.

48. Silove, D., Parker, G., Hadzi-Pavlovic, D., et al. (1991) Parental representations of patients with panic disorder and generalised anxiety disorder. British Journal of Psychiatry, 159, 835–841.

49. Stein, M., Sherbourne, C., Craske, M., et al. (2004) Quality of care for primary care patients with anxiety disorders. American Journal of Psychiatry, 161, 2230–37.

50. Tylee, A. & Walters, P. (2007) Underrecognition of anxiety and mood disorders in primary care: why does the problem exist and what can be done? Journal of Clinical Psychiatry, 68, 27–30.

51. Tyrer, P. & Baldwin, D. S. (2006) Generalised anxiety disorder. Lancet, 368, 2156–2166.

52. Wittchen, H.-U.& Jacobi, F. (2005) Size and burden of mental disorders in Europe: a critical review and appraisal of 27 studies. European Neuropsychopharmacology, 15, 357–376.

53. Wittchen, H.-U., Zhao, S., Kessler, R. C., et al. (1994). DSM-III-R generalized anxiety disorder in the National Comorbidity Survey. Archives of General Psychiatry, 51, 355–36.

54. Wittchen, H.-U., Kessler, R. C., Beesdo, K., et al. (2002) Generalized anxiety and depression in primary care: prevalence, recognition, and management. Journal of Clinical Psychiatry, 63 (Suppl. 8), 24–34.

55. Wells, A. (2005) The metacognitive model of GAD: assessment of meta-worry and relationship with DSM-1V Generalized Anxiety Disorder. Cognitive Therapy and Research, 29, 107–121.

56. Wells, A. (1999) A metacognitive model and therapy for generalized anxiety disorder. Clinical Psychology and Psychotherapy, 6, 86–95.

57. Yonkers, K. A., Warshaw, M. G., Massion, A. O., et al. (1996) Phenomenology and course of generalised anxiety disorder. British Journal of Psychiatry, 168, 308–313.

www.ingramcontent.com/pod-product-compliance
Lightning Source LLC
Chambersburg PA
CBHW081128280526
45787CB00007B/3013
* 9 7 8 1 5 4 8 1 2 2 5 0 8 *